YUHIKAKU

はじめての論理学

伝わるロジカル・ライティング入門

INTRODUCTION TO LOGIC:
GUIDANCE FOR ACADEMIC WRITING

著・篠澤和久

　松浦明宏

　信太光郎

　文　景楠

有斐閣 ストゥディア

はじめに

　本書は，はじめて論理学を学ぶ人のために書かれた論理学の入門書である。大学1・2年生や，それ以上の学年の人でも，大学に入ってはじめて論理学を学ぶときの教科書として書かれている。もっとも，論理学の教科書といっても，いかにも論理学らしい内容が出てくるのは，この本の終わりころである。それまでは，論文（レポート）を書くときなどに論理的な文章を書くにはどうすればいいかといった「ロジカル・ライティング」を学ぶ。その学習を行いながら論理学の話題に少しずつ触れていき，最後に論理学という学問の入り口へたどり着く。このようにして論理学への入門を促すのが，本書の想定する論理学入門である。

　この手順は，一見すると，逆ではないかと思われるかもしれない。つまり，論理的に考え，論理的な文章を書こうというのであれば，まずは論理学という学問を学んで論理的な思考力を身につけるべきである。そのようにして身につけた論理的思考力を用いてはじめて，論理的な文章を書くことができるようになるのではないか，といったことである。

　だが，必ずしもそうではない。というのは，数学者でも論理学者でもない一般の社会人が，それぞれの仕事を行ううえで論理的なコミュニケーションを実践している例はいくらでもあるからである。これは，一般の社会人に求められる論理的思考力・表現力と，論理学や数学の専門家に要求される論理的思考力・表現力とが必ずしも同じ種類の能力ではないことを意味している。それゆえ，専門的な論理学の知識を学ぶ前であっても，論理的な議論の仕方や論理的な表現方法を学べば，論文（レポート）を論理的に書くことができるようになる。

　もちろん，だからといって，専門的な論理学の知識がなんの役にも立たないというわけではない。科学が発展し，より便利な生活を送ることができるようになるためには，学問的な基礎がなければならない。専門家の仕事は，社会生活を発展させるための学問的な基礎を作りそれを実用化することであり，そのためには専門に特化した論理的思考が必要不可欠である。要するに，専門家の論理力と実務家の論理力ではめざすものが異なるため，論理的な文書作成力な

どの実用的論理力に限っていえば，必ずしも専門的な論理学を学んだ後でないと身につけることができないわけではないということである。

　近年の大学では，専門家になるための学習だけでなく，社会で役立つ実用的な人材になるための学習も求められている。それゆえ，論理学を学習する際にもこれらに対応した2つの論理を学ぶ必要がある。そこで，はじめて論理学に触れる人がどのような手順で2つの論理を学ぶべきかを考えると，まずは文系であれ理系であれ大学生として共通に求められる実用的な論理的思考力・表現力を身につけるのがよい（第1部から第3部）。そうするなかで，少しずつ専門的・学問的な論理学の学習内容に触れていく（特に第3部）。そして，最後の段階（第4部）で，学問としての論理学への「オープンキャンパス」を行い，本書を読み終わった後，他書で本格的に学問としての論理学を学び始めることを期待する。この考え方のもとで書かれたのが本書である。

　最後に，本書で一貫して用いられている「論理」の意味を確認しておこう。「論理」とは，辞書的には，「筋道を立てて物事を考えるときの『言葉のしくみ』」といったところであろう。この「筋道」が，本書では，「一定の型（パターン）」などの仕方で表現される。なんらかの決まった「型」を用いて考え，表現することが，論理的に考え，論理的に表現することである。たとえば，一定のパターンを用いて書かれた文章のまとまりが「パラグラフ」であり（第4章），一定のパターンを用いて行われた論証が「論法」である（第6章）。これらの具体的な内容はそれぞれの章で学ぶことになるが，いずれにせよ，「論理」という言葉を「一定の型」という意味に理解していれば，本書で学習するとき，道に迷うことは少ないだろう。

　2020年9月

著 者 一 同

著者紹介

篠 澤 和 久（しのざわ かずひさ）　　　　　　　　執筆　第 **9, 10** 章

前 東北大学大学院情報科学研究科教授

主 著

『倫理学の地図』（共編，2010 年，ナカニシヤ出版），シリーズ「高校倫理からの哲学」［全 4 巻＋別巻］（分担執筆，2012 年，岩波書店），『アリストテレスの時間論』（2017 年，東北大学出版会）。

松 浦 明 宏（まつうら あきひろ）　　　　　　　　執筆　第 **6, 7, 8** 章

中京大学教養教育研究院教授

主 著

『プラトン形而上学の探求——「ソフィステス」のディアレクティケーと秘教』（2006 年，東北大学出版会），『21 世紀の哲学史——明日をひらく知のメッセージ』（分担執筆，2011 年，昭和堂），『プラトン後期的ディアレクティケー——イデアの一性と多性について』（2018 年，晃洋書房）。

信 太 光 郎（しだ みつお）　　　　　　　　　　　執筆　第 **1, 2** 章

東北学院大学教養教育センター教授

主 著

『死すべきものの自由——ハイデガーの生命の思考』（2011 年，東北大学出版会），『映画で考える生命環境倫理学』（分担執筆，2019 年，勁草書房）。

文 景 楠（ムン キョンナミ）　　　　　　　　　　執筆　第 **3, 4, 5** 章

東北学院大学教養教育センター准教授

主 著

Aristotle's disturbing relatives.（2021 年，*Apeiron*，54，451-472），「アイティアーのもつれ」（2022 年，『哲學』73，363-374）。

目　次

第**2**部 **議論の日本語**
論文をめざして

CHAPTER **3** 文と文のつながり　27
接続表現を学ぶ

CHAPTER **4** 論文の仕組み　45
パラグラフを使いこなす

Column●一覧

── ウェブサポートページ ──

本書を利用した学習をサポートする資料を提供していきます。
ぜひ，ご覧ください。
http://www.yuhikaku.co.jp/static/studia_ws/index.html

第1部

日本語と論理

伝えるためのマナー

PART **1**

　おそらく多くの人は，言葉を「論理的」に使うということがなにを意味しているかについて，漠然とイメージはもっているであろう。しかしそれが実際にどういう言葉の使い方をすることなのか，いざ自分自身のこととして考えると，とても自信がもてないというのが大半ではないだろうか。

　そうした感じ方の半分は正しいが，半分は間違っている。たしかに，言葉の論理的な使い方というのは，誰もが自然にできて当たり前というものではない。その意味では不安はもっともなのである。しかしそれはなにも，論理（論理学）なるものが難解で，素人がうかつに手をだせないものだからではなくて，そもそも論理は言葉の「マナー」の一種として，誰もが習熟する必要があるものだからである。

　言葉のマナーといえば，たとえば敬語の使い方などを思い浮かべるかと思うが，私たちは敬語を，はじめから間違いなく使えたわけではないだろう。日々言葉を使って生活していくなかで，状況や相手に応じて，周囲の人から教えられたり，場合によっては恥をかいたりしながら訓練していくうちに，やがて上手に使えるようになっていく。同じことが論理的な言葉の使い方にもいえる。論理的に話すのがふさわしいのはどんな場面か，その言葉の使い方がめざしているものはなんなのかを意識しながら訓練していくことによって，徐々に論理というマナーに習熟していくのである。

　そこで第1部では，言葉を使うときそもそもなぜ「マナー」が必要なのかを考察しながら，論理という「マナー」に求められることはなんなのかについて考えていくことにする。第1章ではまず，論理というマナーが，「学んで知る」という独特の知のあり方に関わるということをみていく。それは「人間」にとって「普遍的」な知を求める姿勢であることが示されるであろう。第2章では，私たちが普段使っている日本語にもとづいて，それを論理的に使うということを考えていく。日本語は多様な場面で多様な使われ方をするが，そのなかで，論理というマナーがとりわけ要求される場面として，「論証」と「議論」というものを考える。

第 **1** 章

言葉の使い方を学ぶ

学んで知るということ

- 「学んで知る」とは，知の内容を明白に示すことができるような，知のあり方である。
- そうした知を言葉で表すための，言葉の「マナー」が必要である。
- 「論理」というマナーは，言葉に「わかりやすさ」をもたらし，「普遍性」を与えることをめざす。

1 「学ぶ」とはどういうことか

　これから私たちは**言葉**を学んでいこうとしている。しかし，なにも新しい外国語を習おうというのではない。それは（少なくとも見た目は）日本語そのものである。だとしたら，いまさらなぜ学ぶ必要があるのかと首をかしげる人もいるかもしれない。日本語ならもう十分に知っているはずだから。しかし，「知っている」から「学ぶ」必要はないというのは正しいだろうか。そこにはなにか見逃しが潜んでいないだろうか。とりあえずここで，なにかを「知っている」ということがどういうことかから考えてみよう。

なにを「知っている」？

　私たちが「知っている」と呼んでいる状態はどんなものか。まずは次の簡単な例から考えてみよう。自転車の乗り初めは誰もが苦労するが，徐々に手足がバランスをとることを覚えて，やがて乗れるようになっていく。幼いころのそうした経験に覚えがある人も多いと思う。このように乗れるようになって，いまもなお乗れる状態にあることを，私たちは一般に，自転車の乗り方を「知っている」とみなす。これは日常の感覚としてはごく自然なことである。

　さてしかし，もしそこで次のように問われたらどうだろう。あなたの「知っている」内容を示してみせてください，と。そのときあなたは，実際に乗ってみせればいいだろうと考え，乗ってみせる。しかし問うた人は納得しない。彼はべつにあなたが乗れないと疑っているのではない。あなたがそうして乗ることができているのは，いったいどんな内容を「知っている」から可能になっているかを言葉で示してほしいといいたいのだ。では，そのとき，私たちは，実際に乗れるという「事実」を示す以外のなにを示したら納得してもらえるだろうか。

「体験して知る」ということ

　この問いの肝は次のところにある。じつは自転車の乗り方には，どうしても

私たちが意識的に関与できない部分（身体の各部分がバランスをとる仕組み）があって，その部分に関してはひたすら辛抱強く練習を繰り返して，「身体が覚える」のを待つしかない。だから，仮に自転車に乗れるようになっても，「知っている」はずの内容（の少なくとも一部）が，どうしてもうまく言葉で示すことができないのである。

じつは，私たちが一般になにかを「知っている」と呼んでいる状態は，この自転車の乗り方のように，知ってはいるが，その内容がなにであるかはうまく言葉で示せない状態を表していることが多い。それは知り方が中途半端だということではない（日によって乗れたり乗れなかったりするわけではないからである）。「知っている」という事実が明白であるにもかかわらず，その内容がどうしても明白に説明することを許さないのである。こうした知のあり方は，自転車の乗り方だけでなく，箸の持ち方や，楽器の演奏の仕方など，一般に身体を媒介にして「体験して知る」ことであることが多い。

「学んで知る」ということ

しかし人間の物事を知るあり方は体験以外にもある。それは，知っていることの内容をちゃんと言葉で説明できるような知り方である。これに関しては，「体験して知る」自転車の乗り方と比較する意味で，車の運転のケースを思い浮かべるといい。両者はともに，車輪をもった移動の道具の使い方を「知っている」例であるが，その知のあり方には以下のような違いも指摘できる。

車の基本操作には「マニュアル」がある。ブレーキを踏みながらイグニッション・ボタンを押してエンジンを始動させ，ギアをドライブ・モードに入れ，ブレーキから足を離してアクセルを踏み込む。この一連のやり方は基本操作マニュアルとして言葉で書き出すことができ，その手順を１つでも間違うと正常に動かない。だから，車の運転の仕方を「知っている」（操縦できる）ことの一面には，その基本操作のマニュアルを「知っている」ことがあるということができ，その知っている内容は，いちいち言葉に示してみせることができるのである（むろん実際に上手に運転できるには体験つまり訓練が必要である）。

自転車の乗り方を体で「知っている」ことと，車の基本操作のマニュアルを「知っている」こととを比較してみると，後者の知の内容は，言葉を話す人間

が自分自身で関与して作り上げたものだということである。自転車の乗り方の
ような「体験して知る」ものは，生まれもった身体の仕組みなど，人間の意識
的な関与の届かないところがあった。それゆえ自転車の乗り方にはどうしても
言葉で明示できないところが残ってしまった。しかし車の基本操作のマニュア
ルにおいては，知りうることすべてに人間が関与しており，それゆえどこまで
も明白に言葉で示すことができるのである。

　このように，いわば人間が自ら関与してその知の内容を作り出していくよう
な，能動的な知のあり方が，じつは伝統的に「学ぶ」と呼ばれてきたものであ
る。この「学んで知る」という知のあり方について，自分の「学校」での態度
を念頭に，受け身のものと考える人もいるかもしれないが，むしろ思い浮かべ
るべきは，「学問」によって自然を乗り越え，世界を次々と作り変えていくイ
メージである。車の基本操作マニュアルなどは，自然にはなかったものを人間
が自力で作り出したのである。

┃「体験して知る」言葉から，「学んで知る」言葉へ ┃

　とりあえずこうして，「知っている」ことには自転車などの操作を体験して
知る次元とマニュアルとして言葉で学ぶ次元と２種類あることを確認すること
になった。そこで当初の問いに戻るなら，自転車などの「物」ではなく，言葉
においても，「体験して知る」次元と，「学んで知る」次元を区別することが必
要である。

　言葉を体験で知っているということは，要するに，私たちが生まれて気がつ
いたら日本語を話せるようになっていた，という素朴な事実に対応する。その
状態を私たちはたしかに日本語を「知っている」（話せる）とみなすが，しかし
その知の内容を，（知っているはずのその言葉で）明示することはできない。た
とえばそこに日本語の文法規則を細かく列挙してみせても無駄である。日本語を
「知っている」というときの知の内容が，そんな言語学のデータで成り立って
いないことは明らかだからである。そのようなものは誰も意識しないで言葉を
話している。それは自転車の乗り方を体で「知っている」人が，骨格筋と神経
系の運動生理学などまったく意識しないで乗れているのと一緒である。

　さてしかし，本書の目的にとって本質的なのは，言葉をめぐるもう１つの知

のあり方，すなわち，言葉を「学んで知る」ということである。そこでめざされていることはなんだろうか。すでに話せる言葉（「体験して知る」言葉）があるのに，そのうえなぜ言葉を「学んで知る」必要があるのだろう。それは言葉にどのような「知」を付け加えるのだろう。それを次節で考えていくことにする。

WORK

「経験して知る」ことと「学んで知る」ことの違いをまとめなさい。

 # 言葉を「学ぶ」とはどういうことか

自転車の乗り方と車の運転マニュアルの対照から，「学んで知る」という知のあり方の特徴を確認した。それは，「知っている」内容をどこまでも言葉に明示できるような知のあり方として，「マニュアル」を知っているという知のあり方に例えられた。これは言葉を「学んで知る」場合にもいえそうである。本節ではこれから，言葉を学んで知ることを，ある種の「マニュアル」を知ることとして，もっと適切な言い方をすれば，言葉の「マナー」を知る（習熟する）こととして明らかにしていく（マニュアルもマナーも語源は同じく「手」〔manus：ラテン語〕である）。

学びの「条件」としての言葉

しかしその前に確認しておきたいことがある。それは，その言葉の学びには，その他の学びよりも一段深い意味があるということである。つまりそれは，他のあらゆる学びのための「条件」を整えるという重大な役割をもっているのである。したがって，言葉の学びが不十分だと，他のどんな学びも不発に終わってしまうだろう。

この，学ぶこと一般において言葉が果たす役割は，厳密に考えると難しい問題である。しかしここでは，「体験して知る」知のなかには，言葉を必要としない（言葉が役に立たない）ことが多く含まれるということを指摘しておこう。

先の自転車の例では，自転車の機械の構造についてなら，私たちは言葉でもって説明することができる。しかしいざ乗り方はと問われれば「言葉にできない」。そうしたものは各自が「身体で覚える」しかないのである。

「学んで知る」という知の様式は，じつはその「言葉にできない」部分をあえて割り切ってしまって，もっぱら「言葉にできる」ものに対象を絞ろうとする。そのかわり，その「言葉にできる」ものに関しては，その知の内容をどこまでも明白に示すことをめざすのである。言葉を学ぶということの意味は，こうした言葉にできる知の内容を明白に示すための，「言葉の使い方」を学ぼうということなのである。

▌言葉の「マナー」の意義 ▌

とりあえず次のような状況を例に考えてみよう。あなたは食堂で，たまたま見知らぬ客と相席しなければならなくなったとする。そして相手の手元にある醤油を使いたい。さて，あなたはどのように言葉を発するだろうか。これはいじわるクイズではないので，素直に考えてもらえばいい。すると誰もが難なく正解にたどり着くと思われる。

このような状況で，私たちは，「醤油をとっていただけませんか」と相手に言葉をかけるはずである。その際，食事を中断させることをわびるため，「お手数ですが」をつけるとなおよいだろう。あまりの当たり前の答えに拍子抜けしたかもしれないが，しかし少し立ち止まって分析してみよう。もし醤油を使いたいというこちらの意向が伝わればよいのならば，あなたはなぜ相手に「醤油をよこせ！」といわないのだろうか。

たぶん多くの人は，この言い方は明らかにマズイと感じるだろう。このマズイという感じ方の根にあるのが，言葉の正しい「使い方」（マニュアル）という問題，あるいは言葉のマナーの問題である。私たちが言葉を学ぶというときは，この言葉のマナーを学ぶという意味なのである。言葉のマナーと聞いて，美辞麗句や言葉の綾を思い浮かべる人もいるかもしれない。そうした人は，マナーは言葉を話す能力において本質的なことではないと考えがちである。しかし，車の運転マニュアルを知っていることが，運転を「知っている」（操縦できる）ことの一面であったように，ここでは言葉のマナーを学んで知っていることが，

言葉をよく「知っている」（言葉をうまく話せる）ということになるのである。

言葉のマナーのさまざま

　ここで「醤油をとってください」の代わりに，「醤油をよこせ！」といった場合を想像してみる。さてこの２つは，丁寧な頼み方と無礼な頼み方という違いだろうか。まず，前者の頼み方をされたら，よほど相手が意地悪でない限り，醤油はとってもらえると期待してよいだろう。しかし後者の場合，嫌々ながらも醤油をとってくれるはずと考えることは，あまりにも楽観的な見方である。もしかしたら無視されるか，最悪の場合，醤油瓶を投げつけられるかもしれない。もし，同じ内容を相手に伝えた「つもり」だとすれば，相手からの反応のこの理不尽な違いはいったいなんだろう。本人はその「つもり」でも，相手には意図が伝わらなかったのだというべきであろう。

　実は，「醤油をよこせ！」という言い方も，ある種の「マナー」にはかなっていたのである。ただしそれは，食事を共にするときのマナーではなく，相手に「喧嘩を売る」マナーである。かつて西洋の文化では，相手の足元に手袋を投げ捨てることが，決闘を申し込むマナーだった。同じように，もしあなたが，見ず知らずの相席の客に，わざわざ敵意があることを伝えたいとしたら，「醤油をよこせ！」は，なかなか効果的な「正しい」言葉の使い方だった。しかし，あなたが本当にただ醤油を使いたいだけだったのなら，あなたは言葉の使い方を「間違えた」というほかない。

学びのための言葉のマナーに向けて

　言葉の間違いといえば，私たちは真っ先に言い間違い（たとえば醤油をソースと言い間違えること）を考えるかもしれないが，じつは言葉の「マナー」の間違いのほうが本質的に深刻である。言い間違いだったら訂正して済むことが多いが，マナーの間違いは，相手との関係を（ときに取り返しのつかない仕方で）壊すことがあるからである。

　言葉のマナーの大切さは，なにも日常会話に限定されるものではない。言葉は，それが使われるさまざまな状況に応じて，その正しい使い方が，「マナー」として（明示的にあるいは暗黙に）定められている。そうしたマナーは，たとえ

ば日本語話者ならば，日本語を習い覚えるときに同時に習得してきたもの（敬語の使い方など）もたしかにあるが，しかしすべての日本語のマナーを私たちは使いこなせるわけではない。

とりわけ，学んだ知の内容を明白に言い表すための言葉のマナーは，たいていはあまり身についていないと考えたほうがいい。だから，私たちはその言葉のマナーに習熟するためにも，かなり意識して「学んで知る」必要があるのである。

WORK

「言葉を学ぶ」必要があるのはなぜか，またそれはどのような意味で「学ぶ」のかをまとめなさい。

3　「論理」とはなにか

前節では，状況に応じた言葉の使い方の「マナー」の必要性を確認した。そこで本節では，学んで知った内容を明白に言い表すための言葉のマナーについて論ずる。そしてそれが「論理」である意味を考えていく。

言葉のマナーの「こころ」

まずは，言葉のマナーを知っている（習熟している），というときのニュアンスを少し丁寧に解きほぐしておきたい。たとえば敬語というマナーを知っているという場合，その知のうちには，そのマナーの「こころ」を知っているということが含まれている。敬語のマナーのこころとは，端的にいえば，相手に対して敬意をもつということであろう。相手への敬意もなく，謙譲語と尊敬語の組み合わせ方をただ文字通りに覚えても，その状態のことを，「敬語を知っている（敬語を使える）」とは通常いわない。それはあたかも，車を運転したいという気持ちもなく，車の運転マニュアルを細部まで諳じるような無意味なことである。

学んで知った内容を明白に言い表すための言葉のマナーについても同じこと

がいえる。私たちはそのマナーの「こころ」を知っていてこそ，本当の意味で
それに習熟したといえることになる。結論からいうと，その「こころ」は，言
葉を「わかりやすく」するということなのである。これは，言葉に筋道を立て
て，見通しをよくすることだといってもいい。そのように整えられた言葉こそ，
学んで知ったことを伝える媒体としてふさわしいものである。そうした言葉の
マナーを私たちは一般に論理と呼んでいる。

論理がめざす言葉の「わかりやすさ」とはなにか

　そこで問わなければならないのは，言葉を「わかりやすく」するとは実際は
どういうことかである。私たちが先に確認しておいたことは，学んで知る知の
内容とは，（車の運転マニュアルのように）どこまでも人間が関与して作り上げた
ものであるがために，すみずみまで明白に知ることができるということであっ
た。しかしそのとき，「人間が関与する」という意味を曖昧にしておいた。車
の運転マニュアルは，実際は見も知らぬ「他人」の作ったものである。したが
って私たちは本当のところは，それを隅々まで知ることができるとは簡単にい
えないはずなのである。

　そうであるにもかかわらず，それができることを期待するのは，その「他
人」というのが，異星人などではなく，自分と同じ「人間」であることを知っ
ているからである。こうした，同じ「人間」の言葉ならばきっと理解できるは
ずだという考え方こそが，まさに，言葉を「わかりやすく」するという「論
理」の「こころ」にほかならない。

　「論理」とは，古代ギリシア語の「ロゴス」の訳語だが，これはもともと
「言葉」という一般的な意味をもっている。しかしなぜ言葉（ロゴス）が論理
（ロゴス）になったのだろうか。言葉を話すとき，私たちは基本的に他人に向け
て話す。そして論理というマナーも，たしかに言葉を「他人に届かせる」仕方
を定めている。しかし，論理はとりわけ，自他が，同じ「人間」の言葉を話す
からこそ通じあっているということに着目するのである。言葉を「わかりやす
く」するとはつまり，「あの人」には理解できるが，「この人」には理解できな
いといったような，むらのある言葉の使い方を排除することで，まさに「人
間」ならば「誰でも」見通しのきくような，筋道の立った言葉の使い方を定め

ようとするのである。

論理は言葉の「普遍性」をめざす

　論理というマナーは，「人間」ならば「誰でも」知ることができるように，言葉を「わかりやすく」することだとすると，それは同様にして，時と場所の差別もしてはならないことになるだろう。特定の時代，特定の場所に属する人だけが知ることができるといった言葉の使い方であってはならないのである。これは同じ言葉のマナーといっても，TPO（時，場所，状況）をわきまえることを求める敬語のマナーなどとは違っている点である。論理というマナーに関していえば，むしろ礼儀など眼中におかない"遠慮のなさ"を求めるものだといえるだろう。

　それはこういうことである。論理というマナーにとっては，「いつでも」「どこでも」「人間なら誰でも」ということこそが大事なのである。それは一言でいえば，**普遍性**を求めているということである。それにしても，敬語の例から明らかなとおり，普遍性とは決して言葉の使い方の一般的な目標ではない。そうした言葉のうちに，人々が普遍性という価値をみるようになったのはなぜだろうか。

言葉と論理

　言葉の使い方に普遍性を求めることは，言葉のマナーとしてはかなり特異なものである。それはあくまでも，学んで知るという（限定された）知の様式にふさわしく整えられたものであり，日常会話に無造作に持ち込むと違和感を生じるのは確かである。しかしそれでも，言葉が話されるところならどこでも，論理というマナーは多少なりとも働いているといえる。

　どんなときでも，他人と言葉を交わすとき私たちは，最低限の筋道の立った言葉の使い方を互いに求めている。それは，たいていは普遍性とはほど遠いとしても，「人間」同士として言葉が通じるということの信頼をそこにかけている。言葉を曖昧にしたり，誤解を招く表現を用いたりすることは，言葉の使い方として一般的に避けるべきものとされている。「わかりやすく」言葉を使うことへのこうした日常的な配慮は，広い意味で「論理的」な態度といっていい

のである。普遍性とは，論理というマナーが言葉に無理強いしている枠組みというよりも，言葉がそもそも内在させていたモラルといえるものである。言葉（ロゴス）が論理（ロゴス）になってきたのにはわけがあるのである。それをふまえて次の章では，具体的な日本語の使い方に即して，言葉を論理的に使う仕方を考えていくことにしよう。

「論理」というマナーの特徴を述べなさい。

EXERCISE ●演習問題

以下の文中の「〜である」を，言葉を補ってわかりやすく言い換えなさい。
　例：　今夜の月は満月である。
　　　　→今夜の月は満月の状態である。

(a) 脳死は人の死である。
(b) ペンギンもカラスも鳥である。
(c) 1ヤードは0.9144メートルである。

第 2 章

日本語と論理

言葉の建築物をつくる

WHITEBOARD

- 言葉を「他人に届かせる」という意識が，論理的な言葉の使い方の基礎である。
- 言葉の使い方が「わかりやすい」とは，建物が設計図をもっているのに例えられる。
- 「論証」とは，「理由を述べて」ある「結論」を主張することである。
- 「議論」とは，「わかりにくい」ものを「問題」として設定して，それを「わかりやすい」ものにする論証である。

1 言葉を「他人に届かせる」ために

第1章で私たちは論理というものを，学びのための言葉のマナーとして位置づけた。それを受けて本章では，実際に日本語の具体例で，論理的な言葉の使い方がどのようなものになるかを考えていきたい。あらかじめいっておくと，日本語だから非論理的だとか，西洋の言語だから論理的だとかいう，どこかで聞いたような評判は，ほとんど根拠のないものである。何語であれ大切なことは，それを論理的に使うという「意識」があるかどうかである。

▌言葉を「わかってもらう」という意識▐

前章の議論を振り返ってみると，「論理的」であるとは，言葉に「筋道を立てる」ことであった。それは言葉に「普遍性」を与えることで，誰にでも「わかりやすく」することであった。本節では，さしあたりその一歩手前，言葉を実際に使うときの「わかってもらう」という「意識」のあり方を少し立ち入って考えておきたい。

手始めに，雨降りの日に外出しないという単純な内容を日本語で表すことを考えよう。そのとき，「わかってもらう」ことがより意識されているのは次のどちらだろうか。

EXAMPLE 2-1
(a) 雨も降っていることだし，今日は外出しない。
(b) 雨が降っているから，今日は外出しない。

最初は **EXAMPLE** 2-1 の (a) と (b) にほとんど違いは感じないかもしれない。しかしここには，言葉を使う意識に大きな違いが存在すると思われる。結論からいうと，(b) のほうがより「わかってもらう」という意識が強い。それは，「～から（だから）」という語句に端的に表れている。その語句は，一般に「理由を述べる」ときに使われるものだが，しかしなぜそれが「わかってもらう」という意識を表しているといえるのだろうか。

「理由を述べる」ことは言葉を「他人に届かせる」こと

　私たちが日常生活で理由を述べる機会はそんなに多くない。理由を言葉にする必要がない事柄，そもそも理由などない事柄（たとえば紅茶よりコーヒーが好きであるとか）が大半だからである。だから，**EXAMPLE** 2-1 の (b) のようにわざわざ理由を述べているならば，それは，それなりの意識があってそうしているのである。

　ここでたとえば，叱られた子どもが「だって〜だもん（涙）」と，拙い言葉ながら訴えるさまを思い起こしてほしい。それをただの幼稚な言い逃れといって切り捨てないで，素直に聞いてやれば，そこには「わかってもらいたい」というアピールを聞き取れるはずである。その主張が実際に「わかりやすい」かどうかはまた別の話である。しかしその子どもは，ともかくも「理由を述べる」ことが，「わかってもらう」ために必要であるということを，幼いながら理解している。言葉を使う場面で示されているこの意識こそは，私たちが先に確認しておいた，言葉を他人に届かせるという言葉の根本のあり方の現れなのである。

他人に届く言葉と届かない言葉

　こうした観点から **EXAMPLE** 2-1 の (a) の文をみてみよう。この言葉の使い方だってべつに悪くないと思った人もいるであろう。自然体でいい文かもしれない。しかし問題はそこに言葉を「他人に届かせる」という意識があるかどうかである。「雨も降っている」とはいったいどういう状態か。「雨が降っている」では言い足りない含みでもあるのか。しかしなによりも，「〜ことだし」という持って回った言い方が問題である。それは，雨が降っていることと，外出しないこととのどんな関係を表そうとしているのか。理由が述べられているようにも聞こえるが，外出しないことへの後付けの言い訳のようにも聞こえる。この文はこうして，「理由を述べる」意識が希薄であることにおいて，言葉を他人に届かせる（わかってもらう）ことに失敗している。しかし重ねていうが，理由を述べて語るまでもないことが日常では大半である。おそらく **EXAMPLE** 2-1 の (a) の人は，ただ単に気だるい気分だというだけで，言葉を発する「理

由」も特にないのである。

　さて，日常表現としての良し悪しでいうならば，**EXAMPLE 2-1** の (b) のような言葉の使い方は，「悪い」といわれるほうであろう。「〜だから」とわざわざ理由を述べたてる言い方は，一般的に，くどく，理屈っぽいと評されるものだからである。しかし，そんな悪評をものともせず，とにかく言葉を他人に届かせる（わかってもらう）という意識がそこにはある。そして，そうした意識があってこそはじめて，その言葉を「人間」一般に届かせよう，つまり，「普遍的」で「わかりやすい」ものにしようという，「論理的」な言葉の使い方への努力も始まるのである。次節では具体的に，論理的で「わかりやすく」言葉を使うとはどうすることなのかをみていく。

言葉を「他人に届かせる」とはどういうことかまとめなさい。

「設計図」をもつ言葉

　言葉を他人に届かせるとき，論理的で「わかりやすく」するとは具体的にどうすることだろうか。わかりやすいというからには，それがそもそも「わかる」という構造をちゃんともっていることが前提であるだろう。ところが，これは自明のことではないのである。言葉のすべてが，「わかる」ために語られているわけではない。こうした事情をまずは分析していくことにする。

芸術作品って「わかる」？

　ここで，言葉を話すこと（他人に届かせること）を，「もの」を作り出すことに例えると，事情がみえやすい。他人に向かって話された言葉は，作り出された「もの」に相当する。

　まずは芸術家が作品を作る場合を考えてみる。彫刻家は，ひらめいたイメージを木材や大理石などの素材に投影して彫刻作品を作り上げていく。さて，こうしてできあがった作品は，他人に「わかる」ものといえるかどうか。

Column ❶　言葉の「人間らしい」使い方

　言葉の使い方における「人間らしさ」とはどういうことかを少し考えておこう。さしあたり目につく点は，人間以外の生き物たちは，敵の接近を仲間に警告したり，交尾の相手の気を引いたり，要するに生きるために「有効に」言葉を使っているのに対して，人間の言葉は，生きることの必要と無関係に，ときに「無駄に」使われるということである。私たちはただ楽しむために会話をする。SNS上の「つぶやき」や「おしゃべり」や「書き込み」などは，近年この無駄話の空間を飛躍的に広げることになった。

　しかし生きることと無関係といっても，けっして無駄話，ほら話ばかりというわけではない。たとえば，芸術における言葉（芭蕉の「古池や蛙飛びこむ水の音」）や，神仏に向けた祈りの言葉（キリスト教礼拝の「主よ，憐れみ給え！」），政治的主張を述べる言葉（キング牧師の「私には夢がある！」）など，生きることに直接は役に立たないながらも，それらはいずれも，私たちが「人間らしさ」と呼ぶ，真剣な部分をつくりあげている。そしてそこに本書の扱う論理という言葉，またそれと密接な関係にある科学の言葉（ニュートンの運動の第2法則「加速度は力に比例し質量に反比例する」）も加わるだろう。

　こうして，「生きるため」以外の多様な仕方で言葉を使うことは，もしかしたら，人間において「生きる」という意味が変わったしるしかもしれない。人間とは，生きるため（死なないため）が最優先する生き物ではなく，「人間らしい」生き方を言葉で詠い，訴え，問い，わかろうとする生き物なのではないか。古代ギリシア人はそのことを指して，人間は「ゾーオン・ロゴン・エコン」（言葉をもつ生き物）だといったのであった。

　それを享受できる（味わえる，楽しめる，感動できる）というだけでは，「わかる」ことにならない。なぜならそれは，作品のもつ「効果」の話でしかないからである（太陽がなにかわからなくても，日光浴は楽しめるようなものである）。「わかる」というためには，「作品そのもの」に直にアクセスすることが必要である。しかしそうだとすれば，私たちは，作者がそれを作り上げた際の感覚の1つひとつを，まったく同じくたどることができるのでなければならないことになる。

　芸術作品においてそんな「わかる」はありえない，と私たちはおそらくいう

であろう。そんなことが可能ならば，他人の誰でも同じ作品を作れてしまうことになるからである。幸か不幸か，芸術作品はどんな傑作でも，「わかる」というものにはならない。他人にわからないどころか，実は，作った本人だって「わかる」わけではない。仮に作者が，同じ作品を忠実に再現しようとしても，そこにできあがるのはもう新たな別の作品である。

言葉の「建築物」

さて，この本質的に「わかる」ことができない芸術作品に対して，たしかに「わかる」といえるような，「もの」を作る例を私たちは考えることはできる。それは，家屋やビルといった建築物である。そうしたものが芸術作品と決定的に違っている点は，そこには設計図がちゃんと用意されていることである。つまり，それを参照しさえすれば，設計図を描いた人はもちろん，それを読み取ることができる人なら「誰でも」，そのもの（建築物）の作り方が「わかる」のである。

このようなことを，言葉が「わかる」ための条件としても理解することができるだろう。言葉もまた，その組み立て方を示したいわば「設計図」をもつことで，はじめて「わかる」ものになるといっていい。設計図をもたないような言葉の使い方，たとえば詩（言葉の芸術作品）などは，決して「わかる」ものではない。また，おしゃべりの言葉なども「わかる」ものではない。それらがたとえ「わかる」とは別の価値があるとしても。言葉を「わかる」ものにしようとするならば，誰に対しても開かれた設計図に沿って言葉を組み立てていかなければならない。

「設計図」の役割

さて，設計図といっても，言葉の建築物の場合，普通は，現実の建築物の図面のように用意されているわけではない。言葉の建築物の設計図は，論理的な，筋道の立った言葉の使い方を通して，まさにその建築物（言葉で語られたもの）のなかに直に浮かび上がる仕組みになっている。

それはこういうことである。日本語の場合，たとえば先にみた「〜だから」という語句ならば，この語句が文中に出てきたら，そこにちゃんと理由が述べ

られていなければならない。また，たったいま使った「たとえば」という語句ならば，そこにちゃんと例が示されている必要がある。「つまり」や「しかし」という語句の前後には，評価や意味において同方向もしくは逆方向を向く言葉が置かれているはずである。

このように，言葉と言葉をつなぐ役割を担った語句，いわゆる「接続表現」が，文の全体にわたって筋道を立てることによって，読み手はその文を読みながら，その「建て付け」を読み取っていくことができる。そうして読んでいって，文の全体構造（設計図）が誰の目にもはっきりと浮かび上がってくるようならば，それは言葉の建築物としてよく建て上げられている証拠である。それがつまり「わかりやすい」文ということにもなる。逆に，いくら読んでもどこか全体構造がみえてこないようなら，それは設計図が不十分なまま作った欠陥物件かもしれないと疑ってみなければならない。

論証と議論

設計図をもった言葉とは，接続表現が適切に配置されることで，言葉の建築物の全体構造がみえる（わかりやすい）もののことである。さて，その接続表現のなかでも，「〜だから」という，「理由を述べる」表現の重要さを再度強調しておきたい。それを私たちはまず，言葉を使うときの，「わかってもらう」という「意識」のしるしとして取り出しておいた（本章①）。しかし結局それは，理由を述べる接続表現が，言葉の「わかる」構造のもっとも根幹であるという事実を反映していたのである。

┃「論証」とはなにか ┃

「〜だから」と理由を述べる接続表現は，例えるなら，言葉の建築物のなかでひときわ重要な骨組み部分に使われている。一般に，理由（根拠・原因）を

明示的に述べて，ある結論をもった主張を行うことを**論証**という。言葉の建築
物は，この論証を組み合わせて作り上げるものなのである。論証における肝は，
「理由を明示する」という点である。理由が示されないならば，それがどんな
に立派とみえる主張であっても，「わかる」ものにならない。そのような主張
をいくら積み重ねても，言葉の建築物は一向に「わかりやすく」なることはな
いだろう。

▌「問題」を設定して「議論」をつくる ▐

さて，理由を示して結論を主張することが論証ならば，内容がごく当たり前
のものであったとしても，それは「論証」と呼んでいいのである。たとえば，
「雨が降ったから，地面が濡れている」という文は，理由と結果という，「わか
る」ための構造をしっかり備えており，したがって申し分なく「わかりやす
い」ものであり，立派な論証である。

このように，わかりきったことでも，理由と結論という形ではっきりと言葉
に表すことは無駄ではない。むしろ論理というマナーの重要な使い方の1つだ
といえる。私たちは，自分自身がなにを知っており，なにを知らないのかが，
そもそも明確でないことが多い。だから，理由と結論というかたちで，自身の
知っている内容をわかりやすく言い表すことは，他人にとってだけでなく，自
分自身にとっても有益なことなのである。

しかし，こうした自明な「わかりやすさ」ではどうも物足りないと感じる人
もいるだろう。そもそもわかりやすさが最大の利益を生むのは，「わかりにく
い」ものが「わかりやすい」ものになったときだからである。論理的な言葉を，
そうした利用価値の高い仕方で使っていくことを考えてみたい。

「わかりにくい」に「わかりやすい」をもたらすために論証を与えることは，
一般に**議論**と呼ばれる。もっと具体的にいうと，議論とは，なにか「わかりに
くい」ものを，解決すべき「問題」として設定して，それに対して，適切な理
由を述べて結論を主張することである。同一の問題にいくつかの対立する議論
がある場合には，それらは「論争」へと発展していくだろう。

ここで1点注意しておきたいことは，「問題」として設定される「わかりに
くい」は，「わかりえない」ではないということである。「わかりえない」もの

はどうしたって「わかりえない」。それは芸術家の作品が、議論するべき問題とはなりえないことと同じである。私たちが議論できるものは、「わかりにくいが、わかりやすくすることが可能」なものであり、そのような「わかりにくい」にきちんとフォーカスを当てることが、議論の「問題」を設定する際の大切なポイントである。

▌議 論 の 例 ▌

ここでは、先程の例に寄せて、「雨降って地固まる」ということわざを取り上げてみよう。さしあたりこのことわざには常識を揺さぶるところがある。雨が降れば地面は濡れて、濡れた地面はぬかるむのが当然であるが、あえてそれに逆らうことを述べることで、私たちを立ち止まらせ考えさせるところがある。常識的でないという意味で「わかりにくい」ものだが、しかし「わかりえない」ということはない。人間関係の比喩としてならば、「なるほど」と思わせるところがあることが、このことわざが通用してきたゆえんである。

さて、このことわざをもとに「議論」をつくりたい。そこで、「人間関係において、なぜ雨が降れば地が固まる（トラブルの後は関係が強固になる）のだろうか」という問題を設定して、なんらか理由を述べて論証し、「～だから地が固まるのだ」と結論づけることを考えてみよう。

たとえば、この場合まず「心理的」な理由が考えられるかもしれない。つまり、トラブルの際に人間の心に生じるある種の感情の働きによって（理由・根拠）、人間関係は以前より親密になると結論する。あるいは「政治的」な理由ならばこうなる。紛争が多い社会には、合意にもとづいてトラブルを処理する必要性があるから（理由・根拠）、法や制度というものが整備され、結果として、長期的にはかえって社会が安定すると結論する。

このように議論といっても、理由のとり方と、そこから論証していく筋道はさまざまでありうる。そしてそれぞれの理由と論証の妥当性はあらためて吟味されねばならない。しかし、議論としてのスタイルは一緒だということが大切である。これは私たちが、「わかりやすい」言葉の使い方をめざすという、共通の土俵に立っているしるしなのである。

議論において「問題」を適切に設定することがなぜ大切かを論じなさい。

EXERCISE ●演習問題

1　日常よく使われる次の接続表現には，どんな文が続くのがふさわしいだろう
　か。文を補って完成させなさい。
  (a)　今日は雨が降っている。それにしても，（　　　）。
  (b)　今日は雨が降っている。それはともかく，（　　　）。
  (c)　今日は雨が降っている。それにしては，（　　　）。
  (d)　今日は雨が降っている。それにもかかわらず，（　　　）。

2　次の「問題」がなぜ議論（論証）に不適切かを論じなさい。
  (a)　なぜ幽霊は夏に多く出没するか。
  (b)　なぜ水はちょうど100℃で沸騰するのか。
  (c)　なぜ犬は猫よりかわいいのか。
  (d)　なぜ重いものほど速く落下するのか。
  (e)　なぜ私は生まれてきたのか。

第 **2** 部

議論の日本語

論文をめざして

PART **2**

　第1部で私たちは，学びのためのマナーである論理に従った「わかる日本語」を用いることの大事さを確認した。「わかる日本語」とは，「議論」（主張と理由から構成される論証を与える作業）を行うための日本語のことをいう。これから始まる第2部の目的は，この「議論のための日本語」を実践的に学ぶことである。

　議論のための日本語が使いこなせるということは，一言でいえば，「論文」が書けるということである。議論のための日本語が使われる場面は，日常会話から大学の授業や学会での討論，さらには政治演説にいたるまで無数にある。しかし，議論のための日本語がもっとも厳密に使われているのは，レポートや学術書を含む，広い意味で「論文」と呼ばれる文章においてである。このことを踏まえ，第2部では，議論のための日本語の目標となる「論文」がもつ，もっとも基本的な型を学ぶことをめざす。

　第2部は，3つの章からなる。

　まず第3章では，議論のための日本語を構成するもっとも小さな要素といえる「接続表現」について学ぶ。接続表現は，文と文の関係を明らかにする。私たちは，これを用いることで，1つひとつの文に前提や結論といった役割を与えることができるようになる。

　続く第4章では，接続表現を用いてさまざまな文をつなげることで作られる「パラグラフ」を中心に，完成された論文がもつ，序論・本論・結びからなる全体的な構造をみていく。

　ただし，論文の全体的な構造をひと通り学んだからといって，ただちに構造がしっかりした文章を書けるようになるわけではない。私たちが実際にものを書く作業は試行錯誤と整理・改善の連続である。最後の第5章では，これらの作業を効果的に行うための助けとなる「アウトライン」の活用法を学ぶ。

第**3**章

文と文のつながり

接続表現を学ぶ

WHITEBOARD

- 接続表現は，議論の部品となる文を結び，それらの関係を固定する。
- 接続表現には次のようなものがある。
  - ◦ 前提と結論の関係を示す接続表現
  - ◦ 与えられた内容を明瞭にする接続表現
  - ◦ 議論の構造を複雑化する接続表現
- 議論のための日本語の核となるのは「前提と結論の関係を示す接続表現」だが，議論をより豊かなものにするために，残り2つの接続表現にも熟達する必要がある。

1 議論と接続表現

「議論のための日本語」は，私たちが普段用いている日本語と異なる文法や語彙をもつものではない。よって私たちは，それを学ぶために，外国語の場合のように辞書や文法書をあらためて参照する必要はない。しかし，議論のための日本語において注目される要素は，普段使いの日本語から少しだけ離れている。本章では，議論のための日本語に熟達するために必要となる力を，「接続表現」に注目しながら養っていこう。

接続表現が文を結ぶ

● 接着剤やネジとしての接続表現

第 **2** 章 ② で私たちは，建築物にたとえて議論のための日本語を理解しようと試みた。大小さまざまな部品をもとに建築物を組み立てるとき，なくてはならないものに接着剤やネジがある。これらは部品をあるべき位置にきちんとつなぎ止めるために必要であり，どの部品がどの部品と結ばれているのかを明確に示してくれる。こうしたつなぎ材なしには，建築物はその姿を維持することができないか，姿をなしたとしてもすぐに崩れ去ってしまう。

議論のための日本語において，細かい部品に相当するのは個々の文である。私たちは，個々の文をそれぞれに適した位置に配置することで，1つの完成された議論を作り上げる。それでは，それらの文を然るべき位置につなぎ止めるつなぎ材の役割を果たすものはなんだろうか。議論においてその役割を果たすのは，**接続表現**と呼ばれる一群の表現である。接続表現は無数にあり，「なぜなら」や「しかし」のように1つの文の頭に主に現れるものと，「だから」や「なので」のように文の中間，または末尾に現れるものすべてがこれにあたる。

その役割と重要性を理解するために，次の例をみてみよう。

> **EXAMPLE** 3-1
> 太郎は明るい。太郎は人気者だ。

EXAMPLE 3-1 は 2 つの文から構成されている。問題は，ここでは 2 つの文が単に並べられているだけで，両者がどのような関係にあるかはわからないという点である。これを補えば，次のような例が出てくる。

> **EXAMPLE** 3-2
>   太郎は明るい。<u>そのおかげで</u>，太郎は人気者だ。

EXAMPLE 3-2 には，下線を引いた「そのおかげで」という表現が追加されている。この表現は，最初の文（「太郎は明るい」）と次の文（「太郎は人気者だ」）を特定の関係に置くことで，両者を結んでいる。読者は，「そのおかげで」に注目することによって，1 番目の文の内容が 2 番目の文の内容に対する理由になっているという関係を知ることができる（以下，接続表現に該当するものは，必要に応じて<u>下線</u>で強調することにする）。

● 接続表現は文の関係を固定する

これまでの例に関して，「1 番目の文の内容が 2 番目の文の内容に対する理由になっているのは，**EXAMPLE** 3-1 だけをみても明らかなので，わざわざ接続表現をつけ足す必要はないのではないか」という疑問をもつ人がいるかもしれない。しかし，2 つの文の関係は，接続表現なしには決して自明ではない。次の例をみてみよう。

> **EXAMPLE** 3-3
>   太郎は明るい。太郎は人気者<u>だから</u>。

EXAMPLE 3-3 では，人気者であることがまさに原因となって太郎の明るさが生じた状況が描かれており，**EXAMPLE** 3-2 とは原因と結果の関係が逆になっている。ここからわかるように，議論を組み立てるにあたって，**EXAMPLE** 3-1 のように接続表現を欠いた文章を書くことは，自分の伝えたい主張を読み取りづらくするばかりか，場合によっては誤解を与えてしまう。接続表現は，こういった事態を避けるために文と文の関係を固定してくれるのである。

接続表現の種類

　議論のための日本語は，普段使いの日本語と比べて，より多彩な接続表現を頻繁に使用する。よって，事前にそれらをいくつかの種類に分けておくことが，全体像を理解するために有益である。接続表現は，議論のために担う役割に応じて次の3種に分けられる。

　　①前提と結論の関係を示す接続表現（本章②）
　　②与えられた内容を明瞭にする接続表現（本章③）
　　③議論の構造を複雑化する接続表現（本章④）

　このうち，もっとも重要なのは①の接続表現である。議論のための日本語はある事柄を説得力をもって主張するためのものであり，ある事柄を説得力をもって主張することは，その主張（結論）に対する根拠（前提）をきちんと示すことだからである。これに対して，②と③の接続表現は，①と一緒に用いられることで，はじめて完成した議論となる。たとえば，②「与えられた内容を明瞭にする接続表現」だけで結ばれた2つの文には前提と結論がないため，根拠を示すことができない（例；「東京は今朝から発達した低気圧の影響を受けている。すなわち，今日は雨が降りやすい」）。①の接続表現によって示される「前提と結論の関係」こそが議論の要であり，それ以外のものは，あくまでそれに加えられる要素であることを忘れてはならない。それでは早速，3種の接続表現を順にみていくことにしよう。

WORK

　　議論のための日本語において，接続表現がなぜ重要か説明してみよう（ヒントは，「接続表現を欠いた文章」）。

前提と結論の関係を示す接続表現（順接）

この接続表現は，それが結んでいる2つの文の一方は前提であり，他方はそこから導かれる結論であることを示す（一方が他方から順当に導かれるという意味で，これらを「順接」と呼ぶこともできる）。以下では，この接続表現をさらに3種に分けて概観する。

帰結・導出を示す接続表現

ここで登場する接続表現は，前にくる文に前提の役割を，後にくる文に結論の役割を与えるためのものである。

> **EXAMPLE** 3-4
> 今日は酷い天気だ。そのせいで，外出ができない。

EXAMPLE 3-4で，「今日は酷い天気だ」をA，「外出ができない」をBとする。ここでは，Aが前提，Bがそこから帰結する結論となっている。このことを，*A→B* という形で表すことにしよう。これと同様の役割を担う接続表現は多数ある。以下にいくつかの例をあげる。

- 私は規則を守った。したがって私には過失がない。
- 街の人口が増えた。だから活気が出てきた。
- 我思う。ゆえに我あり。

根拠・理由を示す接続表現

次に学ぶ接続表現は，逆に，後にくる文に前提の役割を，前にくる文に結論の役割を与えるためのものである。

> **EXAMPLE** 3-5
> 今学期の成績が上がった。なぜなら，熱心に勉強したからだ。

EXAMPLE 3-5 で，「今学期の成績が上がった」を A，「熱心に勉強した」を B とする。ここでは，EXAMPLE 3-4 とは逆に，A が結論，B がその根拠や理由を示す前提となっている。このことは，*A←B* という形で表すことができる。これと同様の役割を担う接続表現は数多い。下記はその一部である。

- 犯罪率は低下するだろう。<u>というのも</u>，失業率が低下した<u>からだ</u>。
- 食品価格が高騰している。<u>その理由は</u>，昨今の凶作にある。

なお，上で接続表現は文を結ぶと述べたが，接続表現が結ぶ文が，必ず句点で相互に区切られているとは限らない。たとえば先ほどの例文を，句点で区切らずに下記のように全体として 1 つの文で表すこともできる。

- 食品価格が高騰している<u>のは</u>，昨今の凶作<u>のせいである</u>。

これは見かけ上は 1 つの文だが，下線を引いた「のは」の前後で 2 つの文がつなげられたものとして理解することができる。よって，重要なのは本章であげる接続表現をただ暗記することではない。必要となるのは，ある文を理解しようとするとき，それが 1 つの文であれ複数の文であれ，まずそこにいくつの部品があるのかをきちんと捉え，その次に，それらをどのような接続表現が結んでいるのかを文脈に沿って見抜く力である。

▌仮定的な条件を示す接続表現▐

いままでみてきた 2 種の接続表現において，前提は，すでに成り立っているか，これから成り立つことがわかっているものとして提示されていた。しかし，私たちが前提と結論の関係を問題にするのは，必ずしもこういったことがわかっている場面だけではない。私たちは，ある事柄が条件として仮に成り立つ場合を想定しながら，その場合に導かれるであろう結論に言及することがある。次は，こういった状況で用いる接続表現の例である。

> **EXAMPLE** 3-6
>
> 　今日は酷い天気になるかもしれない。<u>だとすれば</u>，外出はできないだろう。

　EXAMPLE 3-6 で，「今日は酷い天気になる」を A，「外出はできない」を
B とする。ここで，前提 A は，すでに成り立っている事柄，あるいは，これ
から成り立つことがわかっている事柄としてではなく，あくまで仮定的な条件
として導入されている。これを，*If A→B* と表すことにする。次に，
EXAMPLE 3-6 を「帰結・導出を示す接続表現」（A→B）と対比させることで，
両者の違いを確認してみよう。

- 　今日は酷い天気だ。<u>そのせいで</u>，外出ができない。

　この文においては，今日が酷い天気であることは，すでに成り立っている事
柄として導入されている。しかし，条件を示す接続表現を用いた **EXAMPLE**
3-6 においては，今日の天気が実際に酷いか否かはわからない。そこで述べら
れているのは，あくまで，ある事柄が条 件 と し て 仮に成り立つならば，次の事
柄が導かれるだろうという推測・仮定である。
　類似した接続表現として，さらに次のようなものをあげることができる。

- 　<u>もし</u>今日の気温が異様に高い<u>ならば</u>，クーラーは動かないだろう。
- 　<u>仮に</u>授業に出席<u>すれば</u>，接続表現について学ぶことができる。

> WORK
>
> 　前提と結論の関係を示す接続表現とはどのようなものか説明し，それに属する3
> 種の接続表現をそれぞれ用いて例文を書いてみよう。

3 与えられた内容を明瞭にする接続表現

　これまで私たちは，議論のための日本語の核心となる，前提と結論の関係を示す接続表現をみてきた。しかし，実際の議論はさらに多くの要素から組み立てられる。そのことを理解するために，次の例をみてみよう。

> **EXAMPLE** 3-7
> 　今朝から日本は発達した低気圧の影響を受けている。<u>よって</u>，外出には傘が必要となる。

　EXAMPLE 3-7 は，「今朝から日本は発達した低気圧の影響を受けている」を A，「外出には傘が必要となる」を B としたとき，両者を「A→B」という形で配置したものである。**EXAMPLE** 3-7 の問題点は，発達した低気圧がなにを意味するのかわからない人には，そこで述べられている結論がなぜ正しいのかがきちんと伝わらないことである。こういった場合，私たちは，先に与えられた内容をさらに明瞭にすることで，読者の理解を助ける必要がある。

解説やまとめを行う接続表現

　EXAMPLE 3-7 は，下記のように修正することができる。

> **EXAMPLE** 3-8
> 　今朝から日本は発達した低気圧の影響を受けている。<u>すなわち</u>，今日は非常に雨が降りやすい。<u>よって</u>，外出には傘が必要となる。

　これは，**EXAMPLE** 3-7 の A と B に，C として「今日は非常に雨が降りやすい」を加え，3つの文を「(A＝C)→B」の形で配置したものである。**EXAMPLE** 3-7 との違いは，*A＝C* にある。これは，内容の難しい A が，C という別の文によってさらに説明されていることを示す。

　EXAMPLE 3-8 において，C は A を解説することで，その内容を明瞭にしている。しかし，C が A のまとめとなることで，その内容を明瞭にすること

もある。まずは解説とまとめの違いを理解するために，次の文をみよう。

- 昨日の朝の気温は非常に低かったが，昼過ぎには20℃を上回り，夜は再度零下になった。
- 昨日は寒暖差が激しかった。

基本的には同じ意味をもつこの2つの文は，それぞれをD，Eとすると下記の2通りの仕方で結ぶことができる。

- 昨日の朝の気温は非常に低かったが，昼過ぎには20℃を上回り，夜は再度零下になった。<u>すなわち</u>，昨日は寒暖差が激しかった。（D＝E）
- 昨日は寒暖差が激しかった。<u>つまり</u>，昨日の朝の気温は非常に低かったが，昼過ぎには20℃を上回り，夜は再度零下になった。（E＝D）

「すなわち」も「つまり」も，前に述べられたものを別の仕方で述べなおすときに用いられる接続表現である。上の2つの例において，「すなわち」で始まる文は，先に詳しく説明されたことを簡潔にまとめなおす役割を，「つまり」で始まる文は，簡潔に述べられたものを今度はより詳細に述べなおす解説の役割を担っていることがわかる。

注意すべきは，逆に「すなわち」が解説の役割を担い，「つまり」がまとめの役割を担うことも可能だという点である。よって，「すなわち」や「つまり」の後にくるものが，そこまで述べられた事柄の解説なのか，それともまとめなのかは，文脈によって判断する必要がある。

例示を行う接続表現

解説とまとめに似ているが区別すべき役割を担うものに，例示がある。私たちは，述べられた事柄を補強するために例示を行うが，その際にも接続表現を用いる。

　本文では，すでに完成された例文を「読む」場面を主に想定しながら，接続表現の種類について学んだ。では，自分が文章を「書く」ことになった場合，さまざまな文の間にどのような接続表現を入れるかは，どうやって決めればよいのだろうか。たとえば，下の空欄にはどの接続表現を入れるのが正解だろうか？

・　今日は天気がよい。 ［　　　　　　　］，散歩に行った。

　すぐに思いつく接続表現は「だから」である。天気がよい日は外出に適しており，散歩は通常外で行うものに思われるからである。しかし，この文の書き手が次のような人物だった場合はどうだろうか。彼女は，天気のよい日は必ずアマチュア野球チームの試合に参加する。よって，よほどのことがない限り，それ以外の活動は行わない。だとすれば，天気がよい日に散歩に出かけることは，通常の活動とは相容れないことである。その場合は，ここには「だから」ではなく「だけど」が入るのが正解だということになるだろう。

　この事例は，どの接続表現を用いるかに関する正解が，前後の文だけをみて機械的に決まるものではないことを示している。接続表現を選ぶ際には，前後の文だけでなく，全体の文脈や背景知識をすべて考慮に入れたうえで，自分がここでなにを伝えたいのかを書き手本人がきちんと理解している必要がある。

　どれがもっとも適切な接続表現か決める簡単な方法は存在しないが，議論のための日本語において避けるべき接続表現はいくつかある。その例としては，どちらも「話題の転換」を行うときに用いられる「ところで」や「さて」をあげることができる。これらは，次のような仕方で用いられる。

例文1：　今日は穏やかな1日だった。ところで，今日の夕飯のメニューはなんだろうか。

　このように，日常のおしゃべりや小説などにおいては決して珍しくない接続表現が，議論のための日本語では望ましくないとされる理由を知るために，もう1つ例文をみてみよう。

例文2：　今日は騒がしい1日だった。ところで，今日の夕飯のメニューはなんだろうか。

例文1と2において，「ところで」の後の文は同じだが，前の部分には正反対のことを述べる文がそれぞれきている。それにもかかわらず，等しく「ところで」という接続表現を用いて前後の文をつなげて，どちらにも違和感がない。このようなつなぎ方が可能である理由は，「ところで」が，まさに前後の文がはっきりとした関係をもたないことを示す接続表現だからである。

通常，議論のための日本語では，すべての文が，1つの主張（結論）をめざして互いにはっきりとした関係のもとでつながっている必要がある。このような関係を示さず，前後の文と無関係な文を違和感なしに呼び込んでしまう危険があるという点で，こういった接続表現は注意を必要とする。

EXAMPLE 3-9

アメリカでは銃の乱射事件が後を絶たない。たとえば，20XX 年 X 月にも，乱射によって 30 名が命を落とした。

EXAMPLE 3-9 で，「アメリカでは銃の乱射事件が後を絶たない」を A，「20XX 年 X 月にも，乱射によって 30 名が命を落とした」を B とする。ここでは，B が例となって A を補強している。これは，*A ex. B* と表すことができる（ex. は example の略）。

例示に関して注意すべきは，例として出されたものが，単なる例示にとどまらない役割を担う場合があるという点である。下記の例文をみよう。

- 2007 年もアメリカでは銃による事件が発生した。一例として，バージニア工科大学銃乱射事件では 33 名が死亡している。

ここで例として出されているバージニア工科大学銃乱射事件は，そのまま，2007 年もアメリカで銃による事件が発生したことの根拠にもなっている。これに対して，**EXAMPLE** 3-9 では，例である B が必ずしも A が真実であることを確定する根拠になるわけではない。乱射事件が後を絶たないことが真実であるためには，1つの例だけでは不十分だからである。

議論の構造を複雑化する接続表現

　ここまで私たちがみてきたのは，比較的単純な議論構造と関わる接続表現である。そこでは，２つの文からなる「前提と結論の関係」か，文の内容を，同等の意味をもつ別のいい方で述べなおす解説やまとめ，例示が取り上げられた。しかし，実際の議論はより豊かな内容からなることが多く，その豊かさに応じて議論の構造も複雑化する。このことを理解するために，次の例をみてみよう。

- 　今日は気温が高い。<u>そして</u>湿度も高い。<u>よって</u>今日は蒸し暑い。

　「今日は気温が高い」をA，「今日は湿度が高い」をB，「今日は蒸し暑い」をCとしよう。ここでは，「A→C」または「B→C」という単純な構造が現れているのではない。むしろ，ここで現れているのは，AとBがともに成り立つことが，Cが成り立つための前提となるような構造であり，これを「(A＋B)→C」と表すことができる。
　これよりも実際の議論に近いさらに複雑な構造の例として，次のものをみてみよう。

- 　Aである<u>ので</u>Bである。<u>そして</u>，Cである<u>ので</u>Dである。これらがともに成り立っている<u>ので</u>，Eである。

　この例の構造は，「((A→B)＋(C→D))→E」と表すことができる。このように，１つの前提から１つの結論を導き出すこと，または１つの事柄を単に同じ意味をもつ別の語句でいいなおすといったことを超えて，複数の事柄の間の

関係を構成するための接続表現に親しむことは，実践的な議論を作るために必須である。たとえば下記のような議論の構造は，専門とする分野に関係なく，しばしば用いられる。

- 第1にAであり，第2にBである。よって，Cである。
- AとBがともに成立すればCが導かれる。しかし，実際にはAとBのうち成り立っているのはAのみである。よって，Cは導かれない。
- <u>あるいは</u>Bであるかのどちらかである。Aであれば<u>C</u>であり，Bであれば<u>D</u>である。そして，実際にはBである。よって，Dである。

以下では，このように議論の構造を複雑化する接続表現をみていく。

付加を行う接続表現

議論の構造を複雑化するための接続表現としてもっとも基本的なものに，付加を行う接続表現がある。

> **EXAMPLE** 3-10
> 今日は気温が高い。<u>そして</u>湿度も高い。

EXAMPLE 3-10で，「今日は気温が高い」をA，「今日は湿度が高い」をBとする。この例は，Aに加えてBも成り立つという意味で，*A+B*と表すことができる。上で私たちは，「付加を行う接続表現」を「前提と結論の関係を示す接続表現」とともに用いることで，「(A＋B)→C」のような複雑な議論を得ていた。

「そして」と同様の機能を担う接続表現として，さらに次の例をあげることができる。

- 今日は気温が高く，<u>かつ</u>湿度も高い。
- 今日は気温が高い。<u>しかも</u>，湿度も高い。
- 今日は気温が高い。<u>さらに</u>，湿度も高い。

これらは等しく「A＋B」に相当する事柄を述べているが，そのニュアンスが異なっている。「そして」や「かつ」が，2つの事柄が同時に成立していることを中立的に淡々と述べているのに対して，「しかも」や「さらに」は，後で述べられる事柄によって前に述べられていた事柄に含まれているなんらかの含意（たとえば，「過ごしづらい」）がさらに強化されている印象を与える。こういった細かいニュアンスをきちんと読み取ることも，議論のための日本語を駆使するために非常に重要である。

並列・列挙を行う接続表現

付加と機能的に類似したものとして，並列・列挙をあげることができる。並列・列挙を行う接続表現は，*A＋B＋C* のように主に3つ以上の事柄が同時に成立していることを示すものであり，読者にこのことをわかりやすく伝える目印となる。

> **EXAMPLE** 3-11
> <u>第1に</u>Aであり，<u>第2に</u>Bであり，<u>第3に</u>Cである。

同じ役割を担うものとして，他に次の例をあげることができる。

- <u>まず</u>Aであり，<u>次に</u>Bであり，<u>最後に</u>Cである。
- <u>はじめに</u>Aを行い，<u>続いて</u>Bを行い，<u>終わりに</u>Cを行う。

選択肢を与える接続表現

「仮定的な条件を示す接続表現」の説明において，議論を進めるために仮定的な状況を想定する場合があると述べた。同じように仮定的な状況を想定することで議論の構造を複雑化する接続表現として，「選択肢を与える接続表現」をあげることができる。

> **EXAMPLE** 3-12
> 今日は休日であるか，<u>あるいは</u>平日であるかのどちらかである。

EXAMPLE 3-12で，「今日は休日である」をA，「今日は平日である」をB

とする。この例は，成り立つ事柄の候補としてAとBがあるという意味で，
A or B と表すことができる。「選択肢を与える接続表現」と「仮定的な条件を
示す接続表現」をともに用いた議論の例として，次のものをみよう（上のAと
Bに加えて，「外出する」をCとする）。

- 今日は休日であるか，<u>あるいは</u>平日であるかのどちらかであり，<u>もし</u>休
  日である場合は，外出するだろう。

「(A or B) + (If A→C)」と表すことができるこの例は，このままではすべ
て仮定的な議論だが，この後，実際に今日が休日であったことが判明した場合
は，Cが最終的な結論となるだろう。

同じく選択肢を与えるが，やや注意すべき接続表現に次のものがある。

- 静かという<u>よりは</u>，寂しい。

この例においても，「静か」と「寂しい」という2つのありうる選択肢が提
示されている。ただし，この例においては，単に選択肢が2つ提示されている
だけでなく，成り立っているのは「寂しい」のほうであるということも同時に
示されている。この意味で，「よりは」は，単に選択肢を与えることにとどま
らない役割を担っている接続表現であるといえる。

逆接を示す接続表現

● 逆接の「しかし」

次に取り上げるのは，逆接を示す接続表現である。まずは例をあげよう。

EXAMPLE 3-13
花子は暗い。<u>しかし</u>，花子は人気者だ。

EXAMPLE 3-13で，「花子は暗い」をA，「花子は人気者だ」をBとしよう。
この例は，「AとBが，通常は相容れないものであるにもかかわらず，あえて
結びつけられている」という「逆接」の関係を示すものとして，*A but B* と表

すことができる。「通常は相容れないものがあえて結びつけられている」ことの意味は，次のように説明される。

EXAMPLE 3-13 において，「花子は暗い」と「花子は人気者だ」という2つの事柄は，どちらも成り立っているものとして，互いに結びつけられている。この点では，「しかし」は付加の接続表現である「そして」と変わらない。両者の違いは，その2つの事柄の結びつきを，文の書き手がどのように捉えているかにある。このことを理解するために，EXAMPLE 3-13 を下記のように書きなおしてみよう。

- 花子は暗い。(そして，通常，暗い人は人気がない) しかし，花子は人気者だ。

ここでは，書き手がもっている，「暗いこと」と「人気者であること」は通常相容れないという暗黙の想定が，かっこの中身として表現されている。「しかし」は，このような想定があるにもかかわらず，あえて両者が結びつけられていることを示しているのである。

これに対して，なんらかの理由で「暗いこと」と「人気者であること」が自然に結びつくような文脈においては，「花子は暗い。そして，花子は人気者だ」と述べることが適切となる。ここでの「そして」には，実は帰結・導出を示す「よって」と同じく，一方が他方から自然に導かれるという想定が込められている。一方が他方から自然に導かれる関係は「順接」と呼ばれるが，逆接は，この順接に対して「逆接」と呼ばれる。

逆接に属する接続表現の例としては，次のものをさらにあげることができる。

- 太郎は若い。にもかかわらず，貫禄がある。(「若いこと」と「貫禄があること」という，通常は相容れない事柄が結びつけられている)
- ホヤは美味しくないとよくいわれる。だが，実は美味しい。(「美味しくない」という多数の意見と，それとは相容れない「美味しい」という自分の意見が結びつけられている)

● 弱い「しかし」（対比の「しかし」）

「しかし」には，注意すべき点が１つある。次の例をみよう。

- 花子の作品は人気がある。<u>しかし</u>，太郎の作品は人気がない。

　一見する限りでは，「人気」と「不人気」というまさに相容れないものが逆接でつなげられているようにみえる。しかし，ここでつなげられているのは，実際には「花子の人気」と「太郎の不人気」である。花子と太郎はまったくの別人なので，「花子の人気」と「太郎の不人気」は，通常相容れないとまではいえない。よって，ここでの「しかし」は，まったく中立的な付加でも，通常は相容れない関係を表す逆接でもない，対比を示す弱い「しかし」とみなすべきである。対比を示す接続表現には，ほかに次のものがある。

- 花子はたくさんアイデアを出す。<u>一方</u>，太郎はじっくり１つのことを考える。

　以上みてきたように，接続表現は多様である。これらに少しずつ慣れていくことが，議論のための日本語を身につける際の第一歩となるだろう。

WORK

　　議論の構造を複雑化する接続表現とはどのようなものか説明し，それに属する４種の接続表現をそれぞれ用いて例文を書いてみよう。

EXERCISE ●演習問題

1　次の文章のなかから接続表現をすべて抜き出し，それぞれの役割を説明しなさい。その際に，まず前提と結論の関係を示す接続表現を抜き出した後に，それ以外の接続表現へと進むこと。
　(1)　人間は，自然環境のなかでしか生きていけない。しかし，今日の人類は，それほどまでに大事な自然環境に対して十分な配慮をしていない。もし人類がこのままの態度を自然環境に対して取り続けるなら，その未来は非常

に暗いものにならざるをえない。よって，環境問題に配慮することが必要
である。その一例として，私たちは日々の使い捨て用品の見なおしを行う
べきだ。

(2)　この夏，私たちはランニングシューズあるいはサンダルのどちらかを売
り出すことができる。私たちのランニングシューズは，第1にデザインが
よく，第2に値段も高くない。さらに，市場調査での反応も良好である。
つまり，私たちのランニングシューズにはすばらしい売れ行きが期待され
る。しかし，私たちのサンダルに関してはこのような見通しが得られてい
ない。したがって，ランニングシューズを売り出すべきである。

2　接続表現を可能な限りたくさん用いながら，次のそれぞれを結論として主張
する200字程度の文章を書き上げなさい。

- 読書をたくさんすべきである（または，すべきではない）。
  書き出し：　人間は，生きるために[　　　　]することを必要とする。
  （そして／しかし）読書は，[　　　　]。……

- 友達は多いほうがよい（または，多くなくてもよい）。
  書き出し：　友達には，[　　　　]という役割がある。もし
  [　　　　]。……

第**4**章

論文の仕組み

パラグラフを使いこなす

- パラグラフは，1つの事柄を主張するために集められた文の集合であり，「パラグラフの3部構成」に従って「主張文・支持文・まとめ文」から構成される。

- 完成された論文には「論文の基本構成」に従って「序論・本論・結び」が備わっており，これらはパラグラフから構成される。

- パラグラフが論文を構成する仕方は，論文の全体像を表す設計図によって示される。

1 パラグラフとはなにか

　第**3**章で私たちは，議論のための日本語を構成するもっとも基礎的な要素の１つである，接続表現について学んだ。それらは，建築物でたとえれば，建物を構成するさまざまな部品を結ぶ，接着剤やネジに相当するものだった。次に取りかかるべきは，こうした部品を用いて１つひとつの「部屋」を作ることである。議論のための日本語において，建築物の部屋に相当するものは「パラグラフ」と呼ばれる。本章ではこのパラグラフを中心に，議論のための日本語の到達目標である「論文」の全体像をつかむことをめざす。

パラグラフの３部構成

● パラグラフを構成する３種類の文

　パラグラフは，複数の文が組み合わさってできている。ただし，複数の文を組み合わせたものならどれでもパラグラフになるわけではなく，ある文の組み合わせがパラグラフと呼ばれるためには，それが下記の３種類の文から順に沿って構成されている必要がある（それぞれ，トピック・センテンス，サポーティング・センテンス，コンクルーディング・センテンスの訳語である）。これをパラグラフの３部構成と呼ぼう。

- **主張文**：　パラグラフで主張する内容を述べる文。
- **支持文**：　主張文で述べられた主張を支持するための内容を述べる文。
- **まとめ文**：　主張文で述べられた主張を確認する文。

　パラグラフのはじまりは冒頭に１文字分を空けた新しい行で示され，終わりは改行で示される。なお，これと関連して１つ注意点がある。パラグラフと類似した概念として「段落」があげられることがあり，両者は，冒頭の空白と終わりの改行という外見においては共通している。しかし，基本的にこの外見のみを要件とする段落と違って，パラグラフの場合は，冒頭の空白や改行に加え

て，上で述べた３部構成が守られていることが必ず要求される。よって，空白や改行といった外見的な特徴だけにとらわれず，内部の文の構成にきちんと目を向けることが，パラグラフの理解においては重要となる。

● パラグラフの典型的な形と注意点

結果的に，典型的なパラグラフは次のようなものになる。

３部構成をなす３種類の文の中身から明らかであるように，１つのパラグラフは複数の文から構成されるが，それらは，すべて１つの事柄を主張するためのものである。パラグラフの冒頭にくる主張文でパラグラフ全体の核となる主張が伝えられ，続く支持文でその主張を支持する内容が述べられる。さらに，パラグラフの末尾にくるまとめ文では，パラグラフの主張が再度まとめられる。よってパラグラフは，１つの事柄を主張するために，３部構成に従って集められた文の集合として理解できる。

こういった構造ゆえに，主張文とまとめ文は内容的に重なることが多い。この点を踏まえれば，パラグラフの構造を，バンズに挟まれたハンバーガー状のものとして表すことができる（図 4.1）。

いままでの説明から，どのようなものをパラグラフと呼んではいけないかもみえてくる。パラグラフは，「１つの事柄を主張するために，３部構成に従って集められた文の集合」である。よって，全体として伝えたい主張が定まっていなかったり，３部構成が守られず主張を支持する内容が含まれていなかったりするものは（たとえそれが１文字分を空けた新しい行で始まり改行で終わっていたとしても）パラグラフとはいえない。また，主に小説などでみられるが，読みやすさのために適当な長さだけを基準に改行されたものも，パラグラフではない。そういったものは１つの段落ではありうるが，パラグラフとは似ても似つかぬものである。

なお，主張文とまとめ文はそれぞれ１つの文で完結することが多いが，支持

主張文

支持文 1

支持文 2

支持文 3

支持文 4

まとめ文

イラスト：gleolite / PIXTA

文は通常 2 つから 6 つの文からなる。結果的に，1 つのパラグラフは全体として 200 字から 400 字程度になることが多い。

よい主張文・支持文・まとめ文を書く

　ここで，典型的なパラグラフの例を 1 つあげよう。この例をもとに 3 部構成のそれぞれの要素についてさらに学ぶことで，どうすればよいパラグラフを書くことができるか考える。

EXAMPLE 4-1
　①私たちのランニングシューズは，今後東南アジアやアフリカ，南米諸国で販売を開始できる可能性がある。②サンダルに関しては，ライバルとなる企業がすでにこれらの市場を掌握している。③しかし，ランニングシューズに関してはまだそうではない。④これらの市場に参入できるということは，すなわちランニングシューズが会社の事業拡大という面においても魅力的な選択であることを意味する。

　ランニングシューズの販売に関して述べているこのパラグラフは，4 つの文から構成されている。以下では，上で学んだ 3 部構成に則ってこれらを詳しく

みていこう。

● 主 張 文

EXAMPLE 4-1 の①は主張文であり，そこでは，このパラグラフを通じて最終的に読者に伝えたい事柄，すなわち「自社のランニングシューズをさまざまな国で販売できる可能性がある」という主張が簡潔に述べられている。主張文を書く際に重要となるのは，曖昧でない明確な主張を提示することである。EXAMPLE 4-1 の①と次の文を比較してみよう。

- 私たちのランニングシューズについて話したい。

この文においては，自社のランニングシューズという大まかな主題は提示されているものの，それに関して具体的になにを主張したいのかは明確に述べられていない。これに対して EXAMPLE 4-1 の①は，具体的な主張内容が的確に伝わるものになっている。主張文は，このように，パラグラフの主張を過不足のない明瞭な形で提示する必要がある。

● 支 持 文

《支持文とはなにか》　続く EXAMPLE 4-1 の②と③は，主張文の主張を支持する内容が入る支持文である。支持文を書く際には，その内容が主張文をきちんと支持するものになっているかチェックする必要がある。たとえば次のような文は，少なくともそのままでは EXAMPLE 4-1 の①に対する支持文にはならない。

- わが社は芸術助成を積極的に行っている。
- 「私たちのランニングシューズ」とは，わが社のデザイナーがデザインしたランニングシューズのことである。

EXAMPLE 4-1 の①で述べられたのは「自社のランニングシューズをさまざまな国で販売できる可能性がある」という主張である。しかし，自社の社会貢献活動や「私たちのランニングシューズ」という言葉の意味に言及しても，この主張を支持することにはならない。これらと比べて，EXAMPLE 4-1 の

②と③が全体として伝えている，競争相手がいないという事実は，「さまざまな国で販売できる可能性がある」という主張の根拠となるものであり，よって支持文として適切である。

《適切な支持文を用いる》　ある支持文が主張文をきちんと支持する内容になっているか見抜く練習として，もとの例を変形した次のパラグラフをみてみよう。

EXAMPLE 4-2

①私たちのランニングシューズは，今後東南アジアやアフリカ，南米諸国で販売を開始できる可能性がある。②サンダルに関しては，ライバルとなる企業がすでにこれらの市場を掌握している。③しかし，ランニングシューズに関してはまだそうではない。Ⓧそして，わが社はサンダルについても今後考えていく必要がある。④これらの市場に参入できるということは，すなわちランニングシューズが会社の事業拡大という面においても魅力的な選択であることを意味する。

EXAMPLE 4-2 では，支持文のなかに新たにⓍがつけ加えられている。サンダルに関する言及は②にもみられるので，Ⓧは一見このパラグラフときちんと関連する内容を含んでいるように思われるかもしれない。しかし，サンダルに関するさらなる検討を要求するⓍの提言は，ランニングシューズの販売に関する主張である①を支持する内容ではない。無関係な内容で読者を混乱させないためには，Ⓧをパラグラフから削除すべきである。

支持文の内容としては，ライバル会社がいないといった「事実」以外にも，「統計」や「引用」「例」「定義・説明」といったさまざまなものが用いられる。1つのパラグラフの支持文が，さまざまな種類の内容を同時に含むことも珍しくないので，どのパラグラフでどのような内容からなる支持文を用いるかは，文脈に即してそのつど判断される必要がある。その一部は，本書第**3**部でより詳しく検討される。

● まとめ文

まとめ文は，主張文で述べた内容を新しい言葉を用いて述べなおすことで，パラグラフ全体をまとめるものである。よって，その内容は繰り返しになることが多く，パラグラフが短い場合は省略されることもある。

　場合によっては，まとめ文を用いて若干の新しい事柄をつけ加えることもできる。EXAMPLE 4-2 の④において，「これらの市場に参入できる」と述べて

いる部分は①の内容のまとめといえるが，続く「魅力的な選択である」という部分は，それまで述べられなかった新しい考察である。このように，まとめ文には，書き手の最終的な考察や，次のパラグラフにスムーズにつなぐのに役立つ内容がつけ加えられることがある。

　まとめ文にこういった内容を追加する際には，そこで追加される内容が，それまで述べられてきた内容から自然に引き出されるものである必要がある。よって，別途もう１つのパラグラフを設けて論じるのがふさわしい内容をまとめ文で追加してはならない。たとえば，上の④のかわりに，次の文がまとめ文として与えられたとしてみよう。

　　　これらの市場に参入する可能性があるので，ランニングシューズの販売を
　　　促進するために新しいデザイン部門を立ち上げる必要がある。

　ここで述べられている「新しいデザイン部門の立ち上げ」は，このパラグラフでいままで述べられてきたことから自然に引き出せるような内容ではないので，この文は適切なまとめ文とはいえない。これを主張したい場合は，新しいパラグラフを立ち上げ，その主張の根拠をあらためてきちんと述べるべきである。

　　後述の EXAMPLE 4-3 を構成するそれぞれのパラグラフを主張文・支持文・
　　まとめ文に分けたうえで，それぞれの文の良し悪しを検討してみよう。

2　論文の構成を知る

　本章 1 で学んだパラグラフの３部構成は，１つのパラグラフの内部構造を説明したものである。３部構成をなす主張文・支持文・まとめ文は，すべて１つのパラグラフを完成させるための部品だからである。なお，パラグラフの３部構成をきちんと守ることは，第 3 章で学んだ接続表現を適切に使いこなすこ

とでもある。主張文・支持文・まとめ文の関係を明確に表すことは，接続表現をきちんと用いることによってのみ可能になるからである。これはいわば，「部品を組み立てること」と「部屋を作り上げること」が，決して異なる2つの作業でないことを示している。

こうして私たちは，議論のための日本語におけるもっとも基本的な部品のつなげ方から，1つの部屋の作り方までを学び終えた。次にめざすべきは，部屋をつなげて作られる建築物の全体像を知ることである。この完成された建築物は，議論のための日本語においては論文と呼ばれる。

議論は，解決されるべきなんらかの問題に対する答えを，しかるべき理由にもとづいて主張するものだった。論文は，複数のパラグラフを組み合わせることで，この議論を文章化したものである。なお，「論文」という言葉は研究者による学術論文のみを指すこともあるが，本書ではこの言葉を広い意味で用い，先の条件を満たすものすべてを論文と呼ぶ。よって本書における論文は，学生によるレポートや卒業論文なども含む。それでは，さっそく論文の全体像をみていこう。

論文の基本構成

● 論文を構成する3つの部分

論文は次の3つの部分から構成される。これを「論文の基本構成」と呼ぶ。

- **序論**： 論文が扱う問いと，それに対する答えを簡潔に示す部分。
- **本論**： 序論で示した答えの根拠となる内容を述べる部分。
- **結び**： いままでの考察をまとめ，序論で示した答えを確認する部分。

大学で提出されるレポートや卒業論文は，まずそこで扱う問いとそれに対する答え（論文全体の主張・結論）を簡潔に述べる「序論」から始まり，その答えの根拠となる内容を具体的に述べる「本論」を経て，いままでの考察をまとめ，与えられた答えを再確認する「結び」をもって終わる。これら3つの部分のどれか1つでも欠けていた場合は，完成した論文とはみなされない（さらに詳しい条件については第5章3を参照）。これに対して，論文でない文章，すなわち

議論を含まない小説や詩，新聞記事といったものは，この基本構成に従わず，たとえば起承転結といった別の構成に沿って書かれる。

● 基本構成を守った論文の例

EXAMPLE 4-3 は，論文の基本構成を満たす形で書かれた文章の例である。

EXAMPLE 4-3

　私は，わが社がこの夏の商戦にどのような靴を売り出すべきかという問題に対して，ランニングシューズの売り出しに力を注ぐ必要があると主張する。今年度の営業実績を決める大事な要素は夏期の靴類の販売である。そこで成功をつかむためには，いまからきちんとした販売戦略を立てておく必要がある。以下で私は，ランニングシューズを強く売り出す必要があるということを，３つの理由にもとづいて主張したい。

　まず，私たちのランニングシューズは機能性が優れている。機能は今回の商品開発においてもっとも重視した要素であり，私たちは市場調査などを経て慎重に取り組んだ。現在の競合ラインナップをみても，機能面において私たちのものと同等の水準を実現している商品は存在しない。このように，私たちのランニングシューズの機能性は非常に高い。

　さらに，私たちのランニングシューズは価格面でも魅力的である。工場の移転と設備の刷新を通して経費を最小限に抑えることに成功したため，現時点の見通しでは競合商品よりも 10％ ほど低い価格で売り出すことができると予想される。このように，私たちのランニングシューズの価格は業界の平均よりも安い。

　最後に，私たちのランニングシューズは，今後東南アジアやアフリカ，南米諸国で販売を開始できる可能性がある。サンダルに関しては，ライバル企業がすでにこれらの市場を掌握している。しかし，ランニングシューズに関してはそうではない。これらの市場に参入できるということは，すなわちランニングシューズが会社の事業拡大という面においても魅力的な選択であることを意味する。

　これまで私は，この夏の商戦で私たちはランニングシューズを売り出すべきであると主張した。その理由としては，機能性が優れていること，価格が安いこと，そして今後の販路の拡大が見込まれることの３つをあげた。夏期のランニングシューズ売り出しのための準備は急務であり，早めに取りかかる必要がある。

EXAMPLE 4-3 において，下線の部分は序論，波下線の部分は本論，二重下線の部分は結びの役割をそれぞれ担っている。さらに細かくみれば，序論は１つ，本論は３つ，結びは１つのパラグラフからなっていることがわかる。それぞれのパラグラフは，すべてパラグラフの３部構成に従って，主張文・支持

文・まとめ文から構成されている。

よい序論・本論・結びを書く

以下では，序論・本論・結びを構成する方法をより詳しくみていく。

● 序　論

序論は，論文が全体として扱う問いを紹介し，その問いに対する答え，すなわち論文が全体としてもつ主張・結論を簡潔に示すためのものである。EXAMPLE 4-3 では，次のものがそれに相当する。

- 問い：　今年度の夏に売り出すべき靴はなにか？
- 答え：　今年度の夏に売り出すべき靴はランニングシューズだ。

序論を書く際に重要なのは，問いと答えの内容が明確に読み取れる書き方になっていることである。失敗例として，下記のものをみよう。

　　私は，わが社のランニングシューズについて議論したい。今年度の営業実績を決める大事な要素は夏期の靴類の販売である。そこで成功をつかむためには，いまからきちんとした販売戦略を立てておく必要がある。以下で私が論じるのは，わが社のランニングシューズと関連する3つの点である。

ここでは，自社のランニングシューズの売り出しという大まかな主題は提示されているものの，それに関して具体的になにが問われており，その問いに対してどのような主張が行われているかを読み取ることはできない。

なお，EXAMPLE 4-3 からもわかるように，序論のパラグラフの支持文は，論文全体の主張の根拠となる内容ではなく，なぜこの問いが大事なのかを説明する内容になることが多い。こういった内容は，読者の関心を引き本論へと読み進ませるための助けとなる。また，序論のパラグラフでは，全体の主張のまとめに加えて，これからどのような仕方で議論を進めていくかの簡略な道筋が与えられることがある。これは，読者による議論の理解を助ける。

● 本　論

《本論とはなにか》　**本論**では，序論で示された答えの正しさを読者に説得するための根拠が主に述べられる。議論の目的が相手を説得することである以上，きちんとした根拠を明快に述べることは重要であり，そのために論文全体において本論が占める割合はもっとも高い。結果的に，本論を構成するパラグラフの数も，序論や結びのそれと比べてはるかに多い。

　本論は，分量において長いだけでなく，その書き方も複雑になることが多い。本論の具体的な組み立て方を考えるためには，議論の組み立て方のさまざまな種類をある程度具体的にみていく必要があるが，これらを扱うのは第 **3** 部の課題となる。ここでは，複数のパラグラフを用いて 1 つの本論を完成させるという目的からして，必ず押さえておくべきポイントを確認するにとどめる。

《本論を構成する》　序論で今後の議論の進め方を明示した場合，本論の書き方は当然それに沿ったものになっていなければならない。**EXAMPLE 4**-3 では，3 つの点に言及することで全体の主張の根拠を示すという見通しを序論で与えていた。一見してわかるように，本論を構成する 3 つのパラグラフは，それぞれが 1 つひとつの点に対応する内容になっている。また，パラグラフがこのように複数になるのに応じて，本論を書く際にはパラグラフ同士の関係を明らかにするような接続表現をつけ足すことで，読者の理解を助ける必要がある。**EXAMPLE 4**-3 では，本論を構成する 3 つのパラグラフがそれぞれ 3 つの根拠に 1 つずつ対応していることを，「まず・さらに・最後に」といった接続表現で明らかにしている。

　なお，**EXAMPLE 4**-3 では，互いに独立している 3 つの根拠を並列する形でパラグラフ分けを行ったが，すべての議論がこのような形で構成されるわけではない。それ以外にも，時系列に沿った議論の構成の仕方などがある。たとえば，レポート全体の問いが「1980 年代から 2010 年代にいたるまで，家庭用ゲーム機はどのように変遷したか」であり，「時代が下るにつれてゲーム機の多様化と細分化が進んでいる」と主張したい場合は，5 年や 10 年といった一定の時間を区切りに用いてパラグラフ分けを行うことになる。

● 結　び

　結びは，序論で与えた問いと答えの確認に加えて，その正しさを証明するた

Column ❸ 指示表現の使い方

　文をつなげる役割をもつのは，第 **3** 章で学んだ接続表現だけではない。接続表現とは異なる仕方で文と文をつなげるものに，「指示表現」がある。これを理解するために，次の 2 つの文をみよう。

- 　A さんは明るい人である。おかげで，A さんは人気者だ。

　2 つ目の文は間違いではないが，より自然には，次のように簡潔に表現することができる。

- 　A さんは明るい人である。おかげで，彼は人気者だ。

　ここでは，「A さん」という表現が 2 度使われるかわりに，下線を引いた「彼」という，A さんを指し示す役割をもつ「指示表現」が用いられている。指示表現には，ほかにも「これ・それ・あれ」といったものがあり，「このレストラン」や「あのこと」といった使われ方もされる。
　指示表現は，それが用いられている文だけからは読み取れない内容を，ほかの文から引き継ぐときに用いられる。上の例でいえば，「おかげで，彼は人気者だ」という文だけがあったとしたら，「彼」が誰なのかはわからない。その前に「A さんは明るい人である」という文があり，そこから「A さん」という内容を「彼」という指示表現が引き継いでいるので，私たちは「おかげで，彼は人気者だ」という文をきちんと理解することができるのである。
　よって，指示表現が指示しているものが明確であることが，その指示表現が用いられている文を正確に理解するために重要となる。失敗例として，次のものをみてみよう。

　　日本では，少子化に関する有効な対策をめぐって日々新しい議論がなされている。しかし，それに対して懐疑的な見解をもつ人も多くおり，なんらかの合意にいたる見通しは立っていない。

　上の例において，下線を引いた「それ」はなにを指示しているのだろうか。この例を読んだ人は，次の選択肢の間で迷うことになる。

- 少子化という現象が実際にあるということ
- 少子化に関する有効な対策があるということ
- 少子化のための有効な対策をめぐって日々新しい議論がなされているということ

　誤解の可能性をなくすためには，次のように，指示表現が指示する対象を明確に示す書き方が望ましい。

　　日本では，少子化に関する有効な対策をめぐって日々新しい議論がなされている。しかし，そこで出される対策の有効性については懐疑的な見解をもつ人が多くおり，なにをすべきかに関するなんらかの合意にいたる見通しは立っていない。

　ここでは，「そこ」が指示するのは「新しい議論」であり，人々が懐疑的な見解を抱く対象は，対策の有効性であることが明白である。誤解を招かない文章を書くためには，自分の文章を読みなおし，そこに指示表現がみられたときに，それが指しているものは明瞭かをチェックする習慣をつけるのが有効である。

めに本論で与えた根拠をまとめるための部分である。よって，多くの場合は，それまでに書かれたこと全体を簡潔な言葉で要約したものが結びの内容になるが，必要に応じて若干の考察をつけ加えることもできる。EXAMPLE 4-3 の結びでは，「ランニングシューズを売り出すための準備を早めに始める必要がある」という考察がつけ加えられている。売り出しの準備を早めに始めるべきだということは，序論で述べられた論文の主張ではないし，本論で示された根拠と直接関連する内容でもない。しかし，売り出しの準備を早めに始めるべきだということは，論文の主張から自然に引き出される内容であり，論文の主張に納得した者が，次の段階に取りかかるための示唆を与えるものでもある。

　裏を返せば，論文の主張から自然に引き出される以上のことを，急に結びで述べてはならないということになる。この点は，パラグラフの３部構成を学ぶ際に，まとめ文についていわれたことと同じである。

● いくつかの注意点

　こうして私たちは，論文の基本構成である序論・本論・結びを構成する方法を確認し終えた。しかし，EXAMPLE 4-3 が，実際の論文に比べてかなり単純化されたものであることには注意する必要がある。以下では，EXAMPLE 4-3 と実際の論文の違いに関して，いくつか注意点を述べておく。

　まず注意すべきは，序論・本論・結びを構成するパラグラフの数や，それらの区切り方の違いである。EXAMPLE 4-3 は，全体が約 750 字と非常に短い。しかし，実際に大学の授業で提出する論文は，もっとも短いレポート形式でもこれより長いものになるだろう。卒業の際に課されることがある卒業論文にいたっては，1 万字を超える分量が要求されることも珍しくない。このように長い論文においては，EXAMPLE 4-3 とは違って，序論と結びが 1 つのパラグラフから構成されることはない。卒業論文よりもさらに大部なものとして，1 冊の書物全体で 1 つの主張を行うような大きな論文では，序論や結びだけで数十ページに及ぶこともある。こういった長い論文の序論と結びは複数のパラグラフを用いて書かれることになるし，序論・本論・結びの区切り（本論が長く複雑になる場合は，さらに本論のなかでの区切り）を示すために，EXAMPLE 4-3 にはなかった章や節といったものが用いられることもある。

　こういった長い論文においては，序論や結びの書き方も EXAMPLE 4-3 とは異なるものになる。EXAMPLE 4-3 では序論のパラグラフは 1 つであり，その冒頭で全体の結論がただちに述べられている。しかし，より長い論文では，複数のパラグラフからなる序論の大部分が問いの背景を説明するものとなり，論文全体の結論は，序論の後半部ではじめて明らかになることも多い。そして，こういった仕方で内容が構成される場合，序論と結びの一部においては，パラグラフの 3 部構成が厳密に守られないこともある。

　逆に，EXAMPLE 4-3 のように分量が比較的短い論文の場合も，次のような仕方で，パラグラフの 3 部構成に従わずに序論と結びを書くことがある。

・短い序論：
　私は，この夏の商戦において，わが社がランニングシューズの売り出しに力を注ぐ必要があると主張する。以下で私は，その理由として 3 つの事柄を

述べたい。

・**短い結び**：

　以上のことから私は，この夏の商戦で私たちはランニングシューズを売り出すべきであると主張する。

　これらは，1つまたは2つの文から構成されており，パラグラフの3部構成を厳密に満たしてはいない。しかし，内容が少ない短い文章の場合は，こういった仕方で序論と結びを書くこともある。

　いずれにせよ，重要なのは次の点である。長い論文の場合も短い論文の場合も，序論・本論・結びという基本構成と，そこで述べられるべき基本的な内容は変わらない。序論は依然として扱う問いと答えを事前に述べるべき場であり，本論はその根拠を，結びはそのまとめを与える場であり続ける。よって，どちらの場合も論文としてもっとも重要なのは次の点が守られていることである。

1.　論文全体が，「論文の基本構成」に従って序論・本論・結びからなっている。

2.　序論・本論・結びが，パラグラフを用いて適切に構成されている。

3.　それぞれのパラグラフが，（非常に短いレポートの序論・結びといった例外を除いて）「パラグラフの3部構成」に従って主張文・支持文・まとめ文からなっている。

4.　主張文・支持文・まとめ文が，適切な接続表現を用いてつなげられている。

　これらの基本的な事柄をきちんと押さえれば，長い文章を書く場合もまったく異なる方法を一から新たに学ぶといった必要は生じない。

　「論文の基本構成」とはなにかを説明し，それを構成するそれぞれの部分がどのような内容を含んでいる必要があるのか述べてみよう。

3 パラグラフと論文の基本構成

　こうして私たちは，論文という最終的にめざすべき建物の大まかな構造をひと通り学んだ。本節では，わかりやすくするために図を用いて，この構造をあらためて確認していこう。これは，前節の末尾であげた4つの条件のうち，2つ目のものである「序論・本論・結びを，パラグラフを用いて適切に構成すること」と特に関連する。

パラグラフから本論を作る

　論文の基本構成である序論・本論・結びをパラグラフからどのように構成するかについて，まずは，論文で展開される議論の核心となる本論から考えてみよう。

　最初に，パラグラフの構造を，図4.2 を通して再度確認しておこう。パラグラフは主張文・支持文・まとめ文の3部構成からなる文のまとまりだった。図4.2 の矢印が示しているように，主張文と支持文の間には，パラグラフで主張する内容を述べるものと，そこで述べられている主張を支持するものという関係がある。なお，まとめ文は基本的に主張文の繰り返しなので，図では主張文に重ねられている。

　論文の本論は，こういったパラグラフを複数用いることで作られる。図4.3

CHART　図4.2　パラグラフの構造

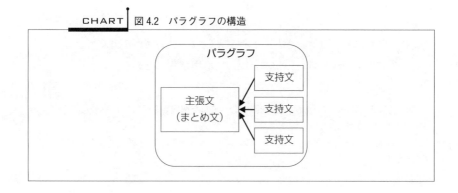

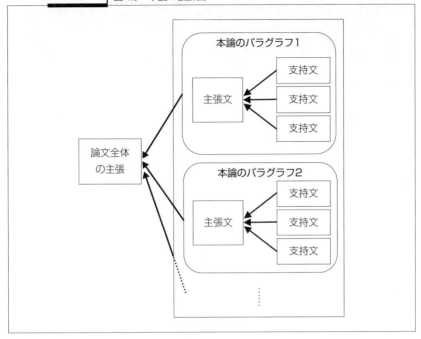

は，その構造を端的に示した「本論の設計図」として理解することができる。重要なのは，ここで，複数のパラグラフが単に無造作につなげられているのではなく，それぞれのパラグラフの内容が，なんらかの仕方で合わさって，論文全体の主張を支持するものとなっているという点である。結果的に，論文の本論を構成するパラグラフは，単に主張文（まとめ文）と支持文から構成されているのではなく，「論文全体の主張を支持する主張文」と，「それらの主張文を支持する支持文」から構成されていることになる。「論文全体の主張←（論文全体の主張を支持する）個々のパラグラフの主張文←（個々のパラグラフの主張文を支持する）支持文」という論理的な構造が，本論全体を支配しているのである。

論文全体の設計図

　このようにして，本論がどのようにパラグラフから構成されているかがわかった。それでは，序論と結びのパラグラフはどのように作られるのだろうか。

序論や結びは，論文の議論全体の主張と構造を紹介する，または，まとめることをその主な内容とするパラグラフだった。よって，いままでの作業で得た本論の設計図をもとにすれば，それらをつけ足すことは難しくない。このことを踏まえた「論文全体の設計図」のもっとも基本的な形は，図4.4として提示することができる。

なお，図4.4と図4.1を比べてみればわかるように，論文全体の設計図における「序論・本論・結び」は，実はパラグラフにおける「主張文・支持文・まとめ文」と同じ構造をもっている。論文においては，まず主張を提示し，次にそれを支持する内容を与え，最後にまとめるという段取りが，1つのパラグラフから論文全体にいたるまで一貫しているのである。

とはいえ，本章で学んだのは，あくまで論文の仕組みの全体像を示す基本的なモデルである。実際に論文を書くためには，特定の問いに対する具体的な答えを明瞭に述べ，論文を構成する1つひとつのパラグラフの主張文・支持文・まとめ文に相当する内容をきちんと埋めることが必要となる。その際には，この論文の本論にはいくつのパラグラフが必要か，それらはどのような順序で配置すべきかといった，1つひとつの論文の内容に応じて変わってくる点も，ともに考えていく必要があるだろう。これらについては，第5章で「アウトライン」について学びながらみていこう。

CHART 図4.4　論文全体の設計図の基本形式

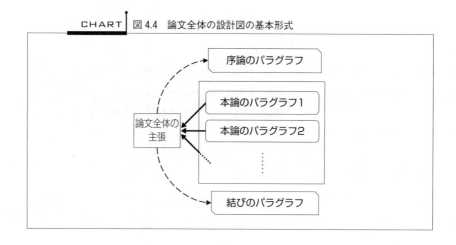

　パラグラフが論文の本論を構成する仕方を，論文全体の主張とのつながりという観点から説明してみよう（ヒントは**図 4.3**）。

EXERCISE ●演習問題

[1]　3 つ以上の支持文を用いて，次のそれぞれを主張文とする 300 字程度のパラグラフを作りなさい。

- スマートフォンは，大学生の就職活動に必須である（または，ない）。
  支持文の例：「スマートフォンには[＿＿＿＿＿＿]といった機能がある」
- 語学の学習は，必要になったときに集中して行うべきである（または，ない）。
  支持文の例：「実際に語学が必要となるのは[＿＿＿＿＿＿]する場面であることが多い」

[2]　5 つ以上のパラグラフを用いて，論文の基本構成に注意しながら，次のそれぞれを結論とする 1000 字程度の論文を作成しなさい。第 **3** 章 EXERCISE の[2]を踏まえてもよい。

- 読書をたくさんすべきである（または，ない）。
- 友達は多いほうがよい（または，多くなくてもよい）。

論文の設計図

アウトラインを活用する

- 最初に論文に取りかかるとき，手もとには問いしかない。先行研究などを読み込むことで，自分なりの答えと理由を手に入れる必要がある。

- 手に入れた内容を見なおし，補強しながら，論理的でわかりやすい順序に整理するためには，論文の内容を箇条書きで記した「アウトライン」を育てる作業が役立つ。

- 完成したアウトラインをパラグラフの3部構成および論文の基本構成に沿って文章化し，必要に応じて題目や文献目録などをつけ加えて体裁を整えることで，論文が完成する。

1 論文に取りかかるとき

第**4**章③でみた論文の設計図は，論文の内容である問い・答え・理由を，パラグラフを軸として文章化する際の構成の仕方を記したものである。ただし，そこで与えられたのはあくまでもっとも基本的なモデルであり，実際に論文を執筆する際に，どうすればその論文の具体的な設計図を手に入れることができるか，また，その設計図をどのようにきちんとした文章にすればよいかはまだ明らかになっていない。

本章で扱う「アウトライン」は，まさに論文の具体的な設計図に相当するものである。ここでは，ある論文にはじめて取りかかることになった**1**人の書き手が実際に論文を完成させていくプロセスを追体験することで，アウトラインを手に入れ，それを文章化する方法を詳しくみていこう。

┃ 最初は問いしかない ┃

当然ながら，私たちがある主題に興味をもち，論文にはじめて取りかかるまさにそのとき，論文の設計図はまだ手もとにない。そもそも，論文の主題をはじめて選ぶとき，私たちには，その論文のゴールとなる，解決されるべき問いに対する答え（論文全体の主張・結論）すらみえていないことが多い。たとえば，「若者のテレビ離れ」にはじめて関心をもち，その善し悪しについて論文を書くことを望む学生がいたとしよう。その学生がこの問題に関心をもったのは今回がはじめてなので，「よい」と「よくない」のどちらが結論となるかは，この時点では当然まだわからない。

論文に取りかかる時点でまだ手にしていないのは，結論だけではない。書き手が最終的に，若者のテレビ離れをよいと主張するのであれ，よくないと主張するのであれ，めざすのが論文である以上，書き手はそう主張する理由を提示できなければならない。そのためには，書き手はその理由を，若者のテレビ離れと関連するさまざまな論点を**1**つひとつ検討して見つけ出す必要がある。すぐに予想できるように，若者のテレビ離れと関連する論点は無数にある。若者

のテレビ離れがもたらす経済的な影響や倫理的な影響，テレビが若者の生活において もつ役割，さらには，現代社会におけるテレビ以外のメディアの位置づけといったさまざまな論点が，若者のテレビ離れの善し悪しと関連している。書き手はこのなかから，自分が論文で展開したい議論にとって重要だと思われる論点を選び出す必要がある。場合によっては，より根本的な点に立ち返って，本当に若者のテレビ離れなる現象が生じているのかを検証する作業が必要となることすらある。

　このように，問い以外にはなにも手にしていない最初の状態では，いくら接続表現をたくさん知っていて，パラグラフの３部構成や論文の基本構成を熟知していても，なにも書きはじめることはできない。それでは，書き手はどうすればこの状態から抜け出して，問いとともに議論を構成する要素であった，答えと理由を見つけ出し，論文を執筆する段階へと進むことができるだろうか。

議論の材料を見つける

　上でも述べたが，若者のテレビ離れの善し悪しといった問いに対する答えを導くために考慮すべき論点は無数にある。よって，答えと理由を手に入れる簡単でわかりやすい方法は残念ながら存在しない。書き手は，若者のテレビ離れの善し悪しを検討する際に重要と思われる論点がどれであり，それを検討したときにどのような結論が得られるかを，自力で地道に探し求める必要がある。

　しかしこのことは，論文の内容を求める作業がすべて偶然任せになることを意味するわけではない。決まった簡単な方法はなくとも，内容を自力で見つけ出すための助けとなるものは，たくさん用意されている。そのなかでもっとも大事なのは，**先行研究**である。先行研究とは，あるテーマに関して，ほかの人が自分に先行して行った研究のことをいう。先行研究をみれば，自分が関心をもった問いに対してほかの人はどのような答えを出しており，その理由としてどのような論点を考察しているかを知ることができる。それらを読み込む過程で，先行研究の答えやそこで出された理由に疑問を感じることができれば，それがそのまま自分の答えと理由をみつけるための出発点となる（先行研究を読み込む具体的な方法は，議論のための日本語を学ぶという目的から外れるので，本書の巻末ブックガイドをもとに補ってほしい）。

第3章と第4章でみてきた接続表現やパラグラフ，論文の基本構成の知識だけでは，なぜ論文を書き上げるには足りないのか説明してみよう。

 # アウトラインを手に入れる

　手もとにある問いをもとに先行研究などを読み込んでいる状況は，夕飯を用意する作業でたとえれば，とりあえず冷蔵庫にさまざまな材料をあれこれ詰め込んでいる状況に近い。調理者は，食材をひと通り揃える作業が終わったら，自分が作りたい夕飯のイメージをより明確にし，献立を練り上げる作業に進むだろう。本節では，論文における献立といえる「アウトライン」を育てる作業を学ぶ。

執筆の順序を考える

● ものごとを思いつく順序

　ところで，先行研究を読み込むことで，自分なりの問い・答え・理由がある程度みえてきた段階で，なぜただちに文章を執筆せず，先にアウトラインを作るという作業が必要となるのだろうか。ここではその理由を，「ものごとを思いつく順序」と「わかりやすい論理的な順序」の違いからみていこう。

　ひきつづき，夕飯を作る作業を例として考える。夕飯を調理するとき，冷蔵庫の扉を開けて先に目に入ってきた食材を，とにかく先に調理すべきだと主張する人はいない。そのような調理の仕方では，食材の配合や調味料を入れる順番が狂い，美味しくないものができ上がる可能性が高い。料理が上手な人は，冷蔵庫の食材をまず全体的に吟味し，どういった料理を作るか，どのような順番で食材を使うかといったことを，きちんと整理して料理に取りかかる。冷蔵庫のなかに食材があるからといって，やみくもに調理を始めるわけではない。

　では論文の場合はどうだろうか。論文を書き慣れていない人は，その日の出来事を，それが生じたとおりの順序で書きつづる日記などを思い浮かべて，

「論文も序論の第 1 文から書きはじめて，結びの最後の文で書き終えるものだ」
というイメージをもつかもしれない。しかし，実際の論文の執筆がこのような
順序で進むことはほぼない。先に目に入った材料をやみくもにまず使うような
書き方ができない理由は，次のとおりである。論文の材料が目に入る順序と，
その材料をわかりやすく伝えるための論理的な順序は異なる。たとえば，「こ
の夏の商戦でわが社はどのような靴を売り出すべきか」という問いを題材に論
文を書くことになったとしよう。論文の材料となるものが私たちの目に入って
くる順序，すなわち，それを私たちが思いつく順序は，次のようなものである
ことが多い。

　　①そういえば，わが社のランニングシューズは色んな国で売れる可能性が
　　あるな。②わが社の製品は値段も安い。③ということは，今年の夏はランニ
　　ングシューズを売り出す必要があるだろう。④待てよ……この前の別の会議
　　では，東南アジアにはライバル会社がないということもいわれていた。⑤そ
　　れにライバル会社といえば，そこのものと比べてわが社の製品のほうが機能
　　性も優れていたはずだ。

　この独り言は，主張と理由を含む 1 つの議論になってはいる。しかしこれは，
第 4 章で学んだパラグラフの 3 部構成から大幅にかけ離れており，読みづらい。
まず，主張となる内容が，最初または最後の文ではない③において示されてい
る。また，主張を支持する内容の間でも，適切な配列がなされていない。たと
えば，④は実は①とつながる内容だが，上では両者が切り離されているので，
このつながりが見て取りにくい。さらに，⑤は，①および②と並んで③を直接
支える内容だが，①を支える内容である④の次にくることによって，①および
②と並ぶものであることが見て取りにくくなっている。このように，思いつく
ままの順序で書かれたものは，わかりやすい論理的な順序になっていないので
ある。

● 論理的でわかりやすい順序

　上の議論の論理構成と，その構成を反映して，パラグラフの 3 部構成に則っ
てわかりやすく書きなおされた文章は図 5.1 のものになる。このように，読み

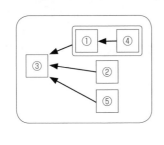

　　今年の夏，わが社はランニングシューズを売り出す必要がある（③）。というのも，東南アジアにはライバル会社がないので，わが社のランニングシューズは色んな国で売れる可能性がある（①←④）。そして，わが社の製品は値段も安い（②）。また，ライバル会社と比べて機能性も優れている（⑤）。よって，わが社はランニングシューズを売り出すべきである（③）。

込んだ先行研究などの内容をもとに書き手がものごとを思いつく順序は，わかりやすく論理的に構成された文章の順序とは異なる。よって，思いついたものをいったん整理する段階が，完成品を作り上げるためには必要となる。

アウトラインを育てる

● アウトラインとはなにか

　思いついたものをいったん整理する段階は，料理においては，手に入ったさまざまな材料をもとに献立を練り上げる作業に該当する。これは，論文では**アウトラインの作成**と呼ばれる。アウトラインとは，簡潔に述べれば「論文の内容を，議論の論理構成を反映する形で，短い箇条書きでまとめたもの」である。なお，最後に論文として提出される文章とは違って，アウトラインは論文の完成度を高めることを目的とした純粋な道具であり，誰かにみせることを前提して作られるものではない。

　アウトラインを作成するにあたってまず理解すべきは，アウトラインはだんだんと育てていくものであり，はじめから完璧な形で用意されている必要はないという点である。私たちは，論文が完成しているからアウトラインを書くのではない。むしろ，論文の詳細がまだ定まっていないからこそ，アウトラインを書くことでそれを詰めていくのである。

● 最初のアウトライン

　それでは早速，「大学の学費を社会が援助することは妥当か」という問いか

Column ❹   問いの立て方

　論文を書き慣れていない人は，アウトラインの育て方以前に，そもそもなにを問いとして立てればよいのかでつまずく。完成度の高い論文につながりそうな問いを選び出すコツはないのだろうか？　問いはそれこそ無数にあるので，「よい問いのリスト」のようなものを与えることはできない。ただし，自力で 1 つの問いを思いついたときに，その良し悪しを見定める手助けをすることはできる。次の点をチェックしてみよう。

1. 「問い」の形になっているか？

　「若者の交友関係について」や「日本文化と私」「現代人の寂しさ」といったものは，そもそも問いの形をなしていない。「〜とはなにか」や「〜であるか否か」といった仕方で，まずは問いとしての形を整えなければならない。

2. その問いであげられている言葉の意味は明確か？

　「現代人は寂しいか」といったものは，一応問いの形をなしてはいる。しかし，「現代人」とは誰か，そして「寂しい」とはどういう状態を意味するかは曖昧である。この点にきちんと注意しないと，身の回りの友人 10 名に現代人を代表させ，1 人でいる時間が長いから寂しいと結論づけるような代物ができ上がってしまう。

3. 問う価値はあるか（当たり前のことを問おうとしていないか）？

　「最近の若者は新しい語彙を用いているか」といった問いを立て，「用いている」と答えたとしよう。これは，問う前から答えがわかっている問題であり，大学以上で想定される論文の問いとしては不適切である。少なくとも，「宮城県に在住する 20 代前半の若者の間で『エモい』はどれほど認知されているか」といった問いに変える必要がある。

4. その問いに対する答えとしてなんらかの仮説を立てたとき，その仮説が正しい（または，間違っている）ことを証明することはできるか？

　「宮城県に在住する 20 代前半の若者の間で『エモい』はどれほど認知されているか」という問いに対して，80％ が認知しているという仮説を立てたとしよう。この場合，大学生などを対象としたアンケートを一定の規模で行えば，この仮説が正しいかどうか検証することができる。しかし，「2000 年以降に急成長した日本企業の共通点はなにか」といった問いに対して，「インターネットを活用した」や「作業の効率化を徹底した」といった仮説を立てた場合に，それを検証することは簡単ではない。該当するすべての企業を調べるためには膨大な労力がいるし，「インターネットの活用」や「作業の効率化」を判定する基準を定め

るのも容易ではない。

5. 参考になる文献はあるか？

　自分が選んだ問いに関して参考になる文献がない場合，その問いは諦めたほう
がよい。そういった文献がない理由は，その問いがまともな問いにならないから
である可能性が高い。なお，このことを逆手にとって，先になんらかの文献を読
み，それに反論することを自分の問いとするのもよい戦略である。

ら出発して，論文のアウトラインを作成する手順をみていこう。アウトライン
に最初に取り組むとき，書き手がある程度はっきりした形でもっているのは，
問いだけである。まずは，この問いをできるだけ詳しくアウトラインに書き込
もう。続いて，序論・本論・結びという，どの論文にも必ず備わる区切りもと
りあえず書き込んでおこう。

　次に考えるべきは，これらの区切りになにを入れるかである。序論と結びに
関しては，第**4**章②で確認した内容が入ることが予想できるので，これを書
き込む。次に本論に関しては，問いの内容から，次のようなものが入ってくる
ことがおおよそ推測できる。まず，大学の学費を社会が援助することは妥当か
という問いに関して，どのような状況が具体的に想定されているかがまだ曖昧
なので，これを明らかにする必要があるだろう。次に，自分がこれから下す結
論を支持する理由を示すことも，論文を完成させるために当然要求されると思
われる。ここまでの考察をもとに，出発点として最低限の内容を盛り込んだア
ウトラインが，図5.2 のアウトライン1である。

● **アウトラインに肉づけする**

　アウトライン1では，それぞれの項目の詳細はまだ明確になっていない。よ
って，先行研究などをさらに読み込み，それぞれの項目を見なおし，その内容
をはっきりさせて，このアウトラインをより豊かなものに育てることが次の目
標となる。

　この作業は，序論から結びにいたるアウトラインのすべての箇所で行う必要
がある。ここでは一例として，本論の第1の項目である「大学の学費を社会が
援助することの具体的な意味」を明確化する作業を行ってみよう。大学の学費

CHART | 図 5.2　アウトライン 1

問い：　大学の学費を社会が援助することは妥当か。

1. 序論
   - 問いと答えの提示
   - 本論の進め方

2. 本論
   - この論文で検討する「大学の学費を社会が援助すること」の具体的な意味
   - 主張を支持する理由の提示

3. 結び
   - まとめ

を社会が援助することには，さまざまな形がありうる。それは，全大学の全入学者の全学費を税金でまかなうことかもしれないし，低所得家庭の出身者の学費を部分的に税金で援助することかもしれない。1つの論文ですべてを論じることはできないので，書き手は，先行研究や自らの興味・関心をもとにそのなかから1つを選び，賛成もしくは反対の結論を下す必要がある。

　同様の作業を本論の別の部分や序論と結びにも行えば，アウトラインは**図5.3**のアウトライン2のように成長しているはずである。

● アウトラインの妥当性を検討する

　論文の作成に慣れていないと，アウトライン2をみて，「問い・答え・理由が記されているので，後は文章を書きはじめるだけだ」と考えるかもしれない。しかしこの段階は，まだアウトラインとして出発点の域をようやく脱したものにすぎない。以下では，どんな作業をさらに行う必要があるかを知るために，一例として本論の理由3を取り上げてみよう。

　アウトライン2の本論の理由3で書き手は，「現代社会で大学教育はもはや特殊なものではない」という点を，自らの主張を支持する理由の1つとして提示した。しかし，特殊でないことは，本当に，部分的に税金で援助すべきとい

問い： 低所得家庭の出身者に対して，大学の学費を部分的に税金で援助する
ことは妥当か。

答え： 低所得家庭の出身者に対して，大学の学費を部分的に税金で援助する
ことは妥当である。

1. 序論
- 問いの背景
- 問いと答えの提示
- 本論の進め方

2. 本論
- この論文で検討する「大学の学費を社会が援助すること」の具体的な意味： 低所得家庭の出身者に対して，大学の学費を部分的に税金で援助すること。
- 理由１： 優秀な学生が大学教育を受けることによって，社会に大きな利益がもたらされる。
- 理由２： 大学教育の機会を広く確保することは，社会階層の流動化のために必要。
- 理由３： 現代社会で大学教育はもはや特殊なものではない。

3. 結び
- 主張の確認
- 論じ残した点や今後の展望

う主張を支持する理由となりうるのだろうか？ 現代社会では，テレビをもつこともまた特殊ではない。しかし，だからといってテレビを購入するために税金による援助を行うべきだと考えるのは奇妙である。だとすれば，特殊でないという点をあげただけでは，主張を支持する理由を十分明確に示したことにはならない。

ここで書き手は，自分がアウトラインであげたものが，主張を支持する理由として本当に適切だったかを再考するよう迫られる。場合によっては，特殊でないという点は理由として適切でなかったという判断を下し，これを削除することになるかもしれない。そうではなく，やはり理由として適切であったと判

断した場合は，どうして適切なのかを，より明確な仕方で示す必要がある。以下では，このプロセスを追体験してみよう。

● アウトラインを修正する

　書き手は，まず，大学教育が特殊なものではないということの意味をよりはっきりさせる必要があると感じ，それを「多くの職業にとって必須の条件である」ことと述べなおした。しかし，「特殊でない」を「多くの職業にとって必須の条件である」に変えたとしても，それがどうして税金を用いて援助することの理由になるかはまだ明らかではない。なんらかの目的にとって必須の条件となるものは，この社会には無数にある。たとえば，テレビ番組をみるためにはテレビが必須である。しかし，テレビの購入を税金で援助しようというのは奇妙である。

　そこで書き手は，職業とテレビ番組のもつ価値が根本的に異なるという点に目を向けた。書き手の見解によれば，職業とテレビ番組は，人々の幸福とどれほど関連しているかにおいて，まったく異なる。職業選択の可能性が増えることが，人生の幸福を大きく左右するのに対して，テレビ番組をみることができるか否かは，（幸福とまったく無関係とまではいえないが）職業の選択ほどの影響力をもつわけではない。よって，幸福につながるという点から，社会が大学教育を援助する必要があるとはいえるが，テレビの購入を援助する必要はない。

　これらの考察を通して書き手は，理由3で自分が本当に述べたかったことは，正確には「大学教育は（職業選択の可能性を広げるという点で）人々の幸福を増進させる」ということであり，最初に書いた「大学教育は特殊なものではない」という記述は，実はそれを曖昧に述べたものだったということに気づいた。結果的に，理由3のアウトラインは図5.4のように修正される。

　先のアウトラインとは違って，図5.4では，理由だけでなく，それを支持す

CHART 　図5.4　アウトライン2（本論の理由3）の修正

・理由3：　大学教育の機会を広く確保することは，社会の幸福を大きく増進させる。
　　前提1：　大学教育は特別なものではなく，多くの職業にとって必須の条件である。
　　前提2：　職業選択の可能性が増えることは，人々の幸福を大きく増進させる。

るための前提も細かく記されている。このように構造が複雑になる場合は，より重要な内容と細かい内容を，それらを書きはじめる位置で区別することが望ましい。これは「字下げ」や「インデント」などと呼ばれる。図5.4では，理由3と2つの前提のインデントが異なっている。

　ここまで行ってきたのは，自分が出した理由が，本当に結論を支持するものになっているかを検討することで，曖昧で説得力の弱い内容を補強する作業だった（議論の妥当性を検証する作業は，第3・4部でより詳しく論じられる）。アウトライン2をきちんと育てるためには，たとえば理由1についても，優秀な学生が大学教育を受けることで社会に与える利益とはなにかを具体的に説明するといった作業が，さらに必要となるだろう。これらの作業は，明確かつ堅固な議論を作り出すためには必須であり，一度や二度で終わるものではない。書き手は，論文の執筆作業全体を通じて，これを何度も行う必要がある。

● アウトラインの育成が論文の内容を豊かにする

　いままでみてきたものを含め，アウトラインを育てる過程で行うことになる作業を下記のようにまとめることができる。

* 先行研究などから入手した内容を，論理構成に沿って箇条書きで整理する。
* 不明確な内容を明確化し，説得力の弱い内容を補う。
* 必要な内容が不足していることがわかった場合，それをつけ足す。
* 無関係な内容がみつかった場合，それを削る。
* 内容を読者に伝えるためにより適切な順序がみつかった場合，配置換えを行う。

　このリストからも明らかであるように，アウトラインの作成は，単なる整理作業ではない。論文の書き手はアウトラインを作成することによって，自分の論文に足りない内容や，全体の主張に関係ない無駄な内容に気づき，論文全体の質を改善することができる。曖昧な内容しかもっていない状態から，論理構成のしっかりした豊かな内容を手に入れることを可能にしてくれるという点で，アウトラインの作成は，文章を書き上げる作業に決して劣らない重要性をもつ

のである。

3 アウトラインから論文へ

　本章②で種をまいたアウトラインをさらに育てることで，**図5.5**のアウトライ
ン3が得られたとしよう。アウトライン3は，以下のようにアウトライン2
と比べてさまざまな違いがある。

- **序論と結び：**
　　より詳しくなった。特に結びにおいて，不足している点や今後行うべき
課題がつけ足された。
- **本論：**
　　内容が多くなったので本論を2つに分け，学費を社会が援助することの
意味を明確にする部分と，全体の主張を支持する理由を示す部分を切り離
した。さらに，理由を示す本論2において，3つに分けていた理由をより
大まかに2つのグループに分けた。

　アウトライン3は，まだ完成版というには詰めが甘い箇所が残っている。し
かし，アウトラインがここまで育ってきたら，どのような論文が最終的に生ま
れるかが，いよいよ具体的にみえてくる。

アウトラインを文章化する

● アウトラインからパラグラフへ
　次に取りかかるべきは，このアウトラインを，箇条書きではないきちんとし
た文章になおす作業である。その前に，いままで育ててきたアウトラインが，

問い：　低所得家庭の出身者に対して，大学の学費を部分的に税金で援助することは妥当か。

答え：　低所得家庭の出身者に対して，大学の学費を部分的に税金で援助することは妥当である。

1. 序論
   - 問いの背景
     ○ 大学の学費の急騰と，学費を払うことの困難な家庭の増加
     ○ 「大学の学費を社会が援助すること」の是非に対する高い社会的関心
   - 問いと答えの提示
   - 本論の進め方
     1. この論文で検討する「大学の学費を社会が援助すること」の意味の規定
     2. 大学の学費を社会が援助すべきと考える 3 つの理由の提示

2. 本論 1：　大学の学費を社会が援助することの意味
   - 学費を社会が援助することのありうる形
     ○ 所得による区別（全員を対象とするか，低所得者だけを対象とするか）
     ○ 援助額の違い（全額を援助するか，学費の一部を援助するか）
     ○ 資金源の違い（税金か寄附か）
   - この論文で検討する対象：　低所得家庭の出身者の学費を，部分的に税金で援助すること。

3. 本論 2：　3 つの理由
   - A. 優秀な学生の場合
     ○ 理由 1：　優秀な学生が大学教育を受けることによって，社会に大きな利益がもたらされる。
       前提 1：　優秀な学生は起業などで雇用を創出する。
       前提 2：　雇用の創出は経済を活性化する。
       前提 3：　優秀だが低所得家庭出身の学生が起業するためには，大学で勉強することが必要。
   - B. 平均または平均以下の成績の学生の場合
     ○ 理由 2：　大学教育の機会を広く確保することは，社会階層の流動化のために必要。
       前提 1：　社会階層が固定化すると，社会の活力が失われる。

実は第 **4** 章 ③ で提示した論文の設計図に相当するものであったことを，あらためて確認しておこう。論文の設計図では，それぞれのパラグラフの支持文が主張文を支え，複数のパラグラフの主張文が合わさって論文全体の主張を支えるという構造が，矢印を用いて描かれていた。本章で学んできたアウトラインは，第 **4** 章でみた図と完全に重なるものではないが，この構造をわかりやすく示しているという点では共通している。たとえば，「本論２の理由３」において，少しインデントが浅い理由３は主張文として，残りの前提１と２は，理由３を支える支持文として捉えることができる。このような仕方で，アウトラインは論文の設計図となっているのである。

　十分に育て上げられたアウトラインに，パラグラフの主張文・支持文・まとめ文に該当する内容が含まれていることがわかったので，ここでは，一例として，本論２の理由３を１つのパラグラフとして文章化してみよう。

　　大学教育の機会を広く確保することは，社会の幸福を大きく増進させる。現代社会において大学教育はもはや特殊なものではなく，多くの職業にとっ

て必須のものである。そして，さまざまな職業を選択できる可能性が個人の幸福に対してもつ重要性を勘案すれば，学費の補助は社会の幸福を増進させるための有効な手段となりうる。よって私たちは，社会にとって重すぎる負担となりその有効性が低下するといった事態が生じない限り，大学教育の機会を広げるべきである。

アウトライン3の他の部分に関しても，このような仕方で文章化することができるだろう。

● アウトラインの適切さを見なおす

なお，ここでは注意すべき点がある。第4章①でパラグラフの3部構成を学んだとき，私たちは，1つのパラグラフにおいて，主張文とまとめ文は1つ，支持文は通常2つから6つであり，パラグラフ全体は200から400程度の字数を有するのが望ましいと述べた。練り上げたアウトラインをもとにパラグラフを書き出したときに，この基準から大幅にずれる事態が生じた場合は，たとえそのパラグラフが3部構成を一応守っていたとしても，その構成をアウトラインから見なおしたほうがよい。そこでは，必要以上に多くの内容が曖昧な形で盛り込まれているかもしれない。夕飯の例でいえば，このような献立に従って調理された料理は，一応料理の形をなしていても，量が多く味もぼやけた，食べる人の食欲を削ぐものになっている可能性がある。

また，それぞれのパラグラフの主張文だけを拾い読みしたときに，論文全体の流れが追えるかをチェックするのも，アウトラインの構成の適切さを検討する方法として有効である。第4章③の図4.3が示しているとおり，それぞれのパラグラフの主張文には，論文全体の主張を支持する主要な内容がくる。よって，アウトラインをもとに書き出したパラグラフの主張文のみをすべて拾い読みして，論文全体の流れがきちんと伝わらないと感じたら，アウトラインを見なおす必要がある。

● パラグラフをつなぐ表現

論文を完成させるためには，アウトラインに記載された内容をパラグラフ化する作業と並行して，アウトラインには明確に書かれていない「それぞれのパラグラフをつなぐ表現」をところどころ盛り込むことも必要となる。例として，

上であげた本論2の3つの理由をパラグラフ化したものに，パラグラフをつなぐ表現をつけ足したものを下に記す（ただし，ここではパラグラフをつなぐ表現だけを書き出している）。

　　ここでは，上で明らかにした「低所得家庭の出身者に対して，大学の学費を部分的に税金で援助すること」を実際に行うべき理由を3つあげる。その際に私は，成績優秀な学生の場合と，必ずしもそうでない学生の場合を分けて考えたい。まず，低所得家庭の出身だが成績優秀な学生に社会が学費の一部を補助すべき理由としては，……
　　しかし上の理由は，低所得家庭の出身だが成績優秀ではない学生には適用されない。私は，このような学生に対しても同じく援助をすることが必要だと考える。その第1の理由は，……
　　もう1つの理由として，……

　ここでパラグラフをつなぐ表現は，文と文の間の関係を明らかにする際に接続表現が担っていた役割を，パラグラフの間，または序論と本論の間という，より大きな単位において担っている。たとえば，最初の「ここでは，上で明らかにした『低所得家庭の出身者に対して，大学の学費を部分的に税金で援助すること』を実際に行うべき理由を3つあげる」という文は，これから述べられる内容が本論1に対してどのような関係にあるかを明らかにするものである。パラグラフをつなぐ表現をきちんと与えることは，読者に議論の内容を明確に伝えるために重要である。その重要性ゆえに，論文が長くなる場合は，パラグラフをつなぐ表現に相当する内容だけで1つのパラグラフが構成されることもある。
　なお，パラグラフをつなぐ表現は，文と文の間に置かれる接続表現と見た目においては同じことがありうる。多くの場合，パラグラフをつなぐ表現はパラグラフの冒頭にくるので，どこに置かれているかを目安として両者を区別することもできるが，自らが与えている表現がパラグラフをつないでいるのか，それとも文と文を接続しているのかを書き手がきちんと意識し，わかりやすくそれを表現することが重要となる。

論文を仕上げる

● 論文の形式を整える

こうして私たちは，アウトラインを文章化する作業を終えた。しかし，授業のレポートなどとして提出しうる論文に仕上げるためには，まだ最後の段階が必要である。アウトラインを文章化したものは，完成された論文においては「本文」に相当する。論文を完成させるためには，本文に次のものをつけ足すことで，形式・体裁を整える必要がある。

・題目：
　論文の主題を簡便に表すもの。副題をつけることもできる。上の例では，主となる題目を「大学の学費を社会が援助することの妥当性」にして，副題として「低所得家庭に対する税金での部分的援助」などをつけるのが適切だろう。曖昧なもの（「学費と援助」など）や無意味なもの（「レポート」など）は避けるべきである。

・氏名と所属：
　著者が誰か示すもの。所属に関しては，大学生の場合は所属学科と学籍番号を記せば十分である。

・アブストラクト：
　論文の内容を 200 字から 300 字程度で要約したもの。レポートで要求されることはまれだが，読者にとって便利である。

・注：
　本文の内容からは離れるが参考になる補足や，本文で引用した文献の情報などを記したもの。授業のレポートでは用いないこともあるが，卒業論文などでは要求される。

・文献目録：
　論文を作成する際に引用・参照した文献をまとめてリスト化したもの。

より詳しくは，巻末ブックガイドを参照してほしい。いずれにせよ，本文を書き上げ，上で列挙した要素をつけ足すことで形式が整ったら，論文は一応完

成したといえる。

● 論文をさらに磨く

しかし，論文を本当によいものにする作業は実はこれからである。論文が完成したようにみえたら，今度は，それを他人の文章だと思って，説明不足なところはないか，議論が間違っている箇所や無関係な内容がつけ足されている箇所はないか，あらためて検討してみよう。たとえば，アウトライン3を文章化したものに対しては，次のような疑問を提起することが可能だろう。

- 社会全体としてどれほどの額を援助する必要があり，その予算をどのように捻出できるかに関する見通しがない。
- 学費を社会が援助することによって，学習意欲が薄れてしまう可能性が考慮されていない。
- 社会階層の流動化や幸福の増進に対して，学費の援助よりも効果的な手段がある可能性が考慮されていない。

こういった疑問を自らに対して提起し，欠点や不足点を補うために二次文献をさらに調べ，アウトラインに再度立ち戻って構成を練り，それをもとに本文を書きなおす作業を何度も繰り返す推敲作業が，本当の意味でよい論文を完成させるためには必要となる。単純な構成からなる短い論文の場合であっても，最低3回は自分の書いたものを読みなおし，構成と内容を検討することが，高い説得力と読みやすさを備えた論文を書くことにつながる。

WORK

アウトラインを文章化する際に，パラグラフをつなぐ表現がなぜ必要か述べたうえで，論文を完成させるためにさらに必要となる本文以外の要素を説明してみよう。

1 次の書きかけのアウトラインを，できるところまで育てなさい。

> **問い：　学生による授業中のスマートフォン（以下，スマホ）の利用を，どこまで認めるべきか**
>
> 1. 序論
>
> 2. 本論
>   * ここで考察したいスマホの定義とその利用形態に関する具体的な説明
>   * 主張を支持すべき理由の提示
>
> 3. 結び

2 次のテーマを扱う論文のアウトラインを作成し，それを文章化して論文を完成させなさい。
   * 読書をたくさんすべきである（または，すべきではない）。
   * 友達は多いほうがよい（または，多くなくてもよい）。

第**3**部

議論の論理
さまざまな論法と反論

PART **3**

第**2**部では，日本語で議論を行うためのもっとも基礎的な事柄として，論理的に議論するための日本語の使い方を学んできた。論文などの文章を論理的に書くための３つの観点，すなわち，文と文とのつながり（接続表現），文章のもっとも小さなまとまり（パラグラフ），文章のもっとも大きなまとまり（論文全体の構成）である。

だが，文章を論理的に組み立て，議論を行おう（書こう）とするとき，これらの学習だけで十分というわけではない。文章全体を序論・本論・結びという３部構成にしたうえで，とりわけ本論のなかでどのような議論を行うのか，より具体的な議論の仕方を考えていかなければならない。

そのためには，多くの議論に共通してみられる特徴，いわば，議論の「定石」を学ぶことが重要である。それぞれの人が自分の議論を行うときに，具体的に何を根拠として選び，どの結論へとつなげていくのかといった，個別的な事柄を書物のなかから直接学ぶことは難しい。しかし，多くの議論に共通する典型的なパターンを学ぶことは，囲碁や将棋の「定石（定跡）」を学ぶのに似て，書物を通じて学ぶことのできる有効な学習方法の１つである。第**3**部全体のねらいは，論証や反論の「定石」のいくつかを学ぶなかで，論理的思考力と論理的表現力を訓練し，その能力を各自が自分の議論を行うときに活かすことである。

第**6**章では，単純論証や合流論証といった，理由と結論の組み合わせ方についての一般的な型を学んだ後，それらの具体例として，三段論法，定義による論法，PREP 法などを学ぶことにより，自分の思考を論理的に表現する基礎を身につける。その後，第**7**章と第**8**章で，他人の意見に論理的に反論する方法を身につけることにより，論理的思考力・表現力をさらに向上させる。相手を論破するには何に注目すればよいのか，逆に，自分が論破されないためには何に注意しなければならないのか。こうしたことを繰り返し意識することによって，議論の３要素である問いと答えと理由のつながりの，どこがどのように弱いのか，どのようにすればそのつながりを強くできるのか，繰り返し考えることになる。この繰り返しが論理的思考力・表現力を飛躍的に向上させる。それゆえ，**EXERCISE** を含めて，第**3**部の学習を徹底して行えば，各自で議論を行うときに，適切な議論を行う力が，以前に比べて格段にアップするだろう。

第 **6** 章

論証の定石

思いを論理的に伝える

- 論証にはさまざまな定石がある。
- 伝統的な論法として三段論法がある。
- 三段論法以外のさまざまな論法を学ぶ。

1 論証の一般的な型

第1章で学んだように，**論理的**とは，ある文章表現や思考がなにか決まった手順・型・しくみに従って行われていることである。そして，**論証**とは，なんらかの理由からなんらかの結論を導くという決まった型を持った思考・文章表現のことである。したがって，論文などのなかで議論を論理的に行うためには，その基本として，まず，論証の一般的な型を学ぶことが有益である。こうした論証の一般型として，単純論証，合流論証，結合論証の3つがある。以下，この順に学んでいくことにしよう。

単純論証

単純論証とは，1つの理由から1つの結論を導く型をもった論証のことである。たとえば，「天気予報で明日は晴れだといっていた。だから，明日はドライブに出かけよう」という文章は，「だから」という言葉の前の1つの文が理由となって，明日ドライブに出かけるという1つの結論が導かれている。このような論証の型を単純論証という。

単純論証の応用例としては，単純論証が2回以上積み重なったものがあり，比較的頻繁に用いられる。次のような例があげられる。

> **EXAMPLE** 6-1
> ①今日は日曜日だ。
> それゆえ，②今日は美術館は満員だろう。
> それゆえ，③今日，美術館に行くのはやめよう。

EXAMPLE 6-1 は，「①今日は日曜だから②美術館は満員だろう。だから，③今日，美術館に行くのはやめよう」という仕方で2つの文で書くこともしばしばある。いずれにせよ，①が②の理由となって1つの単純論証が成立し，②が③の理由となって別の1つの単純論証が成立している。このように，2つの単純論証が電池の直列つなぎのように2回積み重なった論証パターンは，非常

に頻繁に用いられる論証パターンの1つである。

合流論証

　合流論証とは，複数の理由を列挙して1つの結論を導く型をもった論証のことである。理由の数が2つである合流論証の具体例をみてみよう。

EXAMPLE 6-2
　①今日は日曜日だ。しかも，②今日，その美術館ではピカソ展が開かれている。だから，③今日はその美術館は満員だろう。

　EXAMPLE 6-2 は，「①今日は日曜日だ。だから，③今日はその美術館は満員だろう」という仕方で1つの単純論証が形成されている。そしてその単純論証に加えて，「②今日，その美術館ではピカソ展が開かれている。だから，③今日はその美術館は満員だろう」という仕方で，別の理由②から同じ結論③につながるもう1つの単純論証が形成されている。これら2つの単純論証は，前項で述べたような単純論証が直列的に積み重なったものではない。むしろ，①が③の直接的な理由となり，②もまた③の直接的な理由となるという仕方で，2つの理由がそれぞれ別のルートをたどって並列的に同一の結論へと合流している。このように，1つの結論を導くために2つ以上の理由が列挙されている論証を，合流論証と呼ぶ。

　合流論証と単純論証とを組み合わせれば，たとえば，「①今日は日曜であり，②ピカソ展が開かれているから，③その美術館は満員だろう。だから，④今日その美術館に行くのはやめよう」という複合的な論証が出来上がる。この種の論証パターンもよく用いられる。

結合論証

　結合論証とは，複数の理由が一体となって1つの結論を導く型の論証のことである。先に学んだ合流論証と似ているが，合流論証の場合は，複数の理由が別々に1つの同じ結論を導く論証なので，理由のうちのどれかがなくてもその結論を導くことは可能だが，結合論証の場合は，複数の理由が一体となってその結論を導くため，理由のいずれかが欠ければ，その結論を導くことはできな

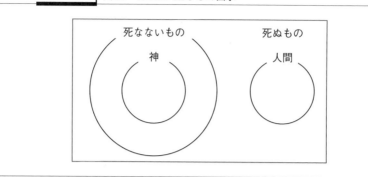

い。具体例をみてみよう。

EXAMPLE 6-3
　①神は死なない。これに対して，②人間は死ぬ。したがって，③人間は神ではない。

EXAMPLE 6-3 は，2つの理由①と②から③という1つの結論が導かれた結合論証である（図 6.1；このような表現をベン図〔オイラー図〕という。第 **4** 部も参照）。この論証の場合，①と②が独立的に③を導いているわけではない。つまり，「①神は死なない。それゆえ，③人間は神ではない」といわれているわけではないし，「②人間は死ぬ。それゆえ，③人間は神ではない」といわれているわけでもない。①と②という両方の前提があってはじめて③が導かれる。このように，複数の理由が一体化して1つの結論を導く論証を結合論証という。

結合論証と演繹

　結合論証については，次の点に注意する必要がある。すなわち，図 **6.1** に示したように，①「神は死なない」（神は死なないものの集まりのなかにある）と，②「人間は死ぬ」（人間は死ぬものの集まりのなかにある）という2つのことが前提されると，③「人間は神ではない」（人間と神との間に共通する部分はない）ということが自動的に決まるということである。死ぬものの集まりと死なないものの集まりとの間に共通部分はないからである。それゆえ，前提①②のどちら

CHART	表6.1 論証の定石1〜3

定石1	1つの理由から1つの結論を導く	**単純論証**
定石2	複数の理由を列挙して1つの結論を導く	**合流論証**
定石3	複数の理由を一体化させて1つの結論を導く	**結合論証**

かが欠けると，「人間」と「神」との関係を決めることができなくなり，結論
③「人間は神ではない」を導けなくなる。これに対して，合流論証である
EXAMPLE 6-2 に用いられている言葉（「美術館」「ピカソ展」「開かれている」「満
員」など）の間にそのような特殊な関係はないから，どれか1つの理由が欠け
ても結論を導くことができるわけである。

　結合論証をより具体的に表現した例の1つに伝統的な三段論法があり，演繹
（理由〔前提〕が真であれば，結論は必ず真である論証）と呼ばれることもある。こ
れらについては次節や第4部でより詳しく扱う。

　ここまでの内容をまとめると，表6.1のようになる。

WORK

　単純論証，合流論証，結合論証の具体例を，それぞれ1つずつ，自分で考えて
書いてみよう。

② 三段論法入門へ向けて

　前節では，理由と結論との組み合わせ方についての一般的な型として，単純
論証，合流論証，結合論証の3つを学んだ。本節以降では，こうした一般型の
より具体的な例として，さまざまな論じ方（論法）を学ぶことにする。もっと
も伝統的な「三段論法」から学んでいくことにしよう。

暫定的定義，三段論法を学ぶ意味

　古代ギリシア哲学者アリストテレスに由来するもっとも伝統的な論法の1つ

に三段論法がある。三段論法とは，2つの理由（前提）から1つの結論を導く論の運び方のことである，とここでは定義しておくことにする。ただし，2つの理由から1つの結論を導くといっても，2つの理由からなる合流論証や2つの単純論証が積み重なった論証というより，2つの理由が一体となって1つの結論を導く結合論証と考えるのが適切である。

　本節では，ごく少数の典型的な三段論法の例を学んで，それを使えるようになることをめざす。三段論法をほんの少し知っているだけでも，論じ方のレパートリーが広がるだけでなく，わかりやすい文章の書き方の練習にもなるからである。三段論法の学習は，論理的思考の訓練という意味もあるが，同時にそれはまた，文章を論理的に書く方法の学習という意味ももっているのである。まず，集団の範囲を広げていくタイプの三段論法を学ぶことにする。

集団の範囲を広げていくタイプ

> **EXAMPLE** 6-4
> 　人間はホニュウ類である。ホニュウ類は動物である。したがって，人間は動物である。

　EXAMPLE 6-4 に示された三段論法は，「人間はホニュウ類である」と「ホニュウ類は動物である」という2つの前提から，「人間は動物である」という1つの結論を導いている。このことをもう少し丁寧にいえば，「人間の集団はすべてホニュウ類の集団に含まれている」と「ホニュウ類の集団はすべて動物の集団に含まれている」という2つの前提から，「人間の集団はすべて動物の集団に含まれている」という1つの結論を導いているということになる。これは，人間の集団が含まれる範囲を，ホニュウ類の範囲から動物の範囲へと広げていく論じ方であることを意味している（図6.2）。以下の **EXAMPLE** 6-5 も，同様である。

> **EXAMPLE** 6-5
> 　「この事件の犯行グループは，石をその草の上に置いたことが目撃されている。そして，石をその草の上に置いた人たちは，すべてホームズの探偵事務所に出入りしていることもわかっている。それゆえ，この事件の犯行グループは，ホーム

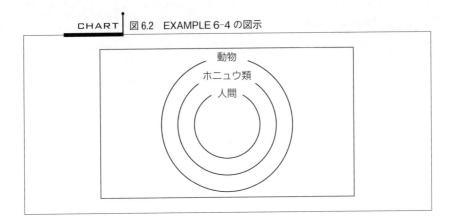

CHART 図 6.2 EXAMPLE 6-4 の図示

動物
ホニュウ類
人間

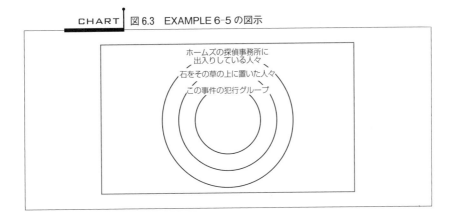

CHART 図 6.3 EXAMPLE 6-5 の図示

ホームズの探偵事務所に
出入りしている人々
石をその草の上に置いた人々
この事件の犯行グループ

ズの探偵事務所の関係者である」

　つまり，この事件の犯行グループは，石をその草の上に置いた人々の集団の
なかに含まれており，石をその草の上に置いた人々の集団は，ホームズの探偵
事務所に出入りしている人々の集団のなかに含まれている。したがって，この
事件の犯行グループは，ホームズの探偵事務所に出入りしている人々の集団に
含まれている，ということである（図 6.3）。

集団の間に共通部分がないことを利用するタイプ

　集団と集団との間に共通部分がないことを利用するタイプの三段論法の一部

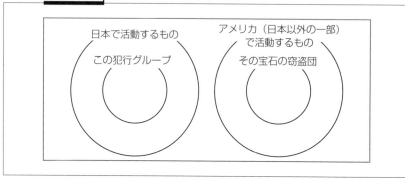

日本で活動するもの　　　　アメリカ（日本以外の一部）
　　　　　　　　　　　　　　で活動するもの
　この犯行グループ　　　　　　その宝石の窃盗団

は，前節で結合論証を学んだとき，「神は死なない。これに対して，人間は死ぬ。それゆえ，人間は神ではない」という形で既に示した。つまり，神の集団が死なないものの集団のなかにあり，人間の集団が死ぬものの集団のなかにあるとすれば，死なないものの集団と死ぬものの集団との間に共通部分がない以上，人間の集団と神の集団との間にも共通部分はないということである。次の**EXAMPLE** 6-6 は，この論法の応用である（図6.4）。

EXAMPLE 6-6
　「この犯行グループは日本でしか活動しない。その宝石の窃盗団はアメリカでその宝石を盗んだ。したがって，この犯行グループはその宝石の窃盗団ではない」

　また，2つの集団の間に共通部分がないことを利用して，別のタイプの論証を行うこともできる。

EXAMPLE 6-7
　人間はホニュウ類である。ホニュウ類はハチュウ類ではない。したがって，人間はハチュウ類ではない。

　この論証は，人間の集団がすべてホニュウ類の集団のなかに含まれていて，ホニュウ類の集団とハチュウ類の集団との間に共通部分がないことから，人間の集団とハチュウ類の集団との間にも共通部分がないと結論している（図6.5

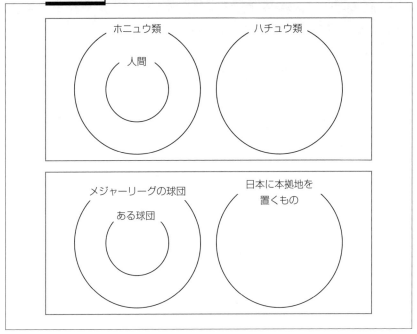

ホニュウ類

ハチュウ類

人間

メジャーリーグの球団

日本に本拠地を
置くもの

ある球団

上）。**EXAMPLE** 6-7の類例としては，次のような**EXAMPLE** 6-8が考えられる（図6.5下）。

> **EXAMPLE** 6-8
> 　「ある球団はメジャーリーグの球団である。メジャーリーグの球団は日本に本拠地を置かない。したがって，そのある球団は日本に本拠地を置かない」

三段論法を作るポイント

　三段論法を作るときの1つのポイントは，2つの前提のなかで用いられている主語と述語との関係に注目することである。つまり，最初の文で，

　「ある球団」（主語）は「メジャーリーグの球団」（述語）である。

という形で主語と述語をつなげたら，その述語を次の文の主語にして，それと
排他的関係にある新たな述語を加えた文を作る。

　　「メジャーリーグの球団」は「日本に本拠地を置かない」

その後，最初の文の主語と最後の文の述語とをつなげて，それを結論とする。

　　「ある球団」は「日本に本拠地を置かない」

このA「ある球団」，B「メジャーリーグの球団」，C「日本に本拠地を置く」
（の否定）の3つは，集団Aが集団Bのなかに含まれ，集団Bと集団Cとが共
通部分をもたないという条件を満たしているものならなんでもよいため，その
ような条件を満たすA，B，Cの具体的な例を見つけてそこへ代入する形で書
けば，次のEXAMPLE 6-9のような三段論法を次々に作ることができる。

> **EXAMPLE** 6-9
> 　その研究チームはいま××大学に所属している。××大学は日本の大学組織に
> 所属していない。だから，その研究チームはいま日本の大学組織に所属していな
> い。

三段論法に由来する文章構成

　上記の論法の理屈を理解すれば，同様の仕方で，さまざまな論証を組み立て
ることができる。

> **EXAMPLE** 6-10
> 　ソクラテスは人間である。人間は神ではない。したがって，ソクラテスは神で
> はない。

　三段論法に用いられているパターンを使うことに慣れれば，上記のような論
証を，次のように発展させていくことができる。

定石4 **三段論法** 前提1+前提2 ⇒ 結論（2つの前提から1つの結論を導く）
(1) 集団の範囲を広げていく
　　（AはBである。BはCである。それゆえ，AはCである）
(2) 集団の間に共通部分がないことを利用する
　　（AはBである。BはCでない。それゆえ，AはCでない）
三段論法を応用したわかりやすい文章 ⇒ **Z型文**

AはBである　　　A —— B　　Z型文
BはCである　　　B 　 C
CはDである　　　C ···· D

　　○○は××である。××は△△である。△△は▲▲ではない。それゆえ，○○は▲▲ではない。
　　（「彼は勉強家だ。勉強家は読書量が多い。読書量の多い人は漢字を間違えることが少ない。だから，彼は漢字を間違えることが少ない」）

あるいは，

　　○○は××である。××は△△である。△△は▲▲である。それゆえ，○○は▲▲である。
　　（「彼は勉強家だ。勉強家は読書量が多い。読書量の多い人はボキャブラリーが多い。だから，彼はボキャブラリーが多い」）

　三段論法に由来する文章構成のポイントは，直前の文の後半に書かれた述語を次の文の主語として書き，新たな言葉をその文の後半に述語として書く，という手順を繰り返すことである。**表6.2**のように形式化できることから，**Z型文**ともいう。この形式は「a＝bかつb＝cならばa＝c」（推移律）にも似ている。

　　AはBであり，BはCであり，CはDである。したがって，AはDであ

る。

　AはBであり，BはCであり，CはDでない。したがって，AはDでは
ない。

　いずれにせよ，こうした手順で文章を作ることにより，文章を論理的に書き
ながら文と文とのつながりをスムーズにすることができる。
　ここまでの内容をまとめると，表6.2のようになる。

WORK

　本節の「集団の範囲を広げていくタイプ」と「集団の間に共通部分がないことを
利用するタイプ」で学んだ2つのパターンの三段論法の具体例を，それぞれ1つ
ずつ，自分で考えて書いてみよう。

 ## 3　説得のための論法

　伝統的な三段論法は，第4部で扱う記号論理の立場から重要視されること
が多く，また，先にみたように，一般の文章を作成するときにも有益な一面を
もっている。とはいえ，実社会で行われる一般の議論では，三段論法や記号論
理が使われることは少ない。「あなたは成績が悪い。成績が悪い人は勉強して
いない。だから，あなたは勉強していない」，といわれて，たとえそのとおり
だったとしても，勉強しようと思う人が何人いるだろうか。三段論法を応用す
れば，それで相手を説得でき，相手の行動を変えることができるかといえば，
そうでないことのほうが多い。正しいことをいえばそれでいいというわけでは
ないのが日常の議論である。それゆえ，本章の残りの部分では，三段論法のよ
うに正しいこと（真理）を追究する論じ方ではなく，説得を目的とする論じ方
について学ぶ。伝統的なものから始めて，比較的最近注目されている PREP
法へと学習を進め，その後，次節で，価値判断の場面での条件文による論法を
学ぶ。

▎定義による論法

　定義による論法とは，議論の対象になっているものの定義を根拠にして，なんらかの結論を主張する論法である。

> **EXAMPLE** 6-11
> 　人の死とは脳死のことである。したがって，脳死状態の人の動いている心臓を移植しても殺人にはならない。

　EXAMPLE 6-11 は，人の死とは脳死のことであるという定義を根拠に，動いている心臓を移植することは殺人ではないという結論を導いている。これは，定義を根拠に結論を導いているため，定義による論法の例であるといえる。ただし，たとえ **EXAMPLE** 6-11 の論証が正しいとしても，だからといって，それで人の死を心臓死と考える人を説得できるとは限らない。もしその人が納得できるように対応しようとするならば，人の死は心臓死であるという定義を前提とした話し合いへと姿勢を変えなければならないかもしれない。いずれにせよ，定義による論法は，定義変更にともなう結論の変化という特徴をもっているといえる。そのため，次の **EXAMPLE** 6-12 のように，従来の常識からの転換を主張する場合などにしばしば用いられる。

> **EXAMPLE** 6-12
> 　現在，一般の人々は，ハッキングを他人のコンピュータに無断で侵入する不正行為と考えている。だから，ハッキングをした人は処罰されるべきだということになる。しかし，コンピュータの専門家たちによれば，ハッキングは善悪から中立的な行為である。したがって，専門家の立場からいえば，ハッキングしたというそれだけで処罰されるべきだという結論にはならない。

　EXAMPLE 6-12 では，ハッキングを不正行為と定義するか中立的な行為と定義するかによって，処罰されるべきか否かの結論が変わっている。自分の主張を行うときや，他人の主張を吟味し反論するとき（第 **8** 章も参照）に，言葉の定義（言葉の意味）を根拠に主張・反論するという定石があることを学んでおくべきである。

共通性による論法と差異性による論法

共通性による論法とは，他の人や物事との共通性を根拠にして，他の人や物事と同様の扱いを求める論じ方のことである（平等取扱いの原則による論法）。

> **EXAMPLE** 6-13
> 私は彼らと同じ仕事をしている。だから，彼らと同じ給料をもらって当然だ。

EXAMPLE 6-13 は，自分が他の人たちと同じ仕事をしているという共通性を根拠にして，その人たちと同額の給料を要求するという論証である。

他方，**差異性による論法**とは，他の人や物事との差異性を根拠にして，他の人や物事とは異なる扱いを求める論法である。

> **EXAMPLE** 6-14
> 私は彼らより多く仕事をしている。だから，彼らより多くの給料をもらって当然だ。

EXAMPLE 6-14 は，自分が他人より多く仕事をしているという，他人との違いを根拠にして，他人より多くの給料を要求するという論法である。

以上から明らかなように，共通性や差異性は何かを主張するための根拠に用いることができる。自分の意見を主張する場合でも反論を行う場合でも，主張の根拠として共通性や差異性を用いる方法があるということを学んでおこう。

アナロジー（類推）による論法

アナロジー（類推）による論法とは，2つのものの関係の類似性を根拠にして，なんらかの結論を主張する論法である。アナロジーは，AのBに対する関係はCのDに対する関係に等しいと表現されたり，AがBであるのはCがDであるようなものだと表現されたりする。よく知らないもの同士の関係を，よく知られたもの同士の関係から類推するという点が重要である。

> **EXAMPLE** 6-15
> 彼と彼女の関係はロミオとジュリエットの関係に等しい。そして，ロミオとジ

ュリエットの恋は悲恋に終わった。だから，彼と彼女の恋は悲恋に終わるだろう。

EXAMPLE 6-15 でいわれる「彼と彼女の関係」は読者にとって未知のものであり，「ロミオとジュリエットの関係」はよく知られたものである。こうした，よく知られたもの同士の関係から，まだ知られていないもの同士の関係を類推し，その類推を根拠にして，彼と彼女の恋は悲恋に終わるという結論を主張している。鯨が魚でないのは飛行機が車でないのと同じである，といった否定的なアナロジーもある。

いずれにせよ，アナロジーを用いた論法は，関係の類似性を根拠にして結論を導くため，共通性による論法とは異なる。共通性による論法は，下記のEXAMPLE 6-16 のように，個々のもの同士の類似を問題にしているからである。

> **EXAMPLE** 6-16
> 　1日8時間働いたという点で，私は同僚に似ている。だから，私にも同僚と同じ給料を払うべきだ。

EXAMPLE 6-16 では，私と同僚との関係が，何かAと何かBとの関係に等しいから同じ給料を払うべきだ，と主張されているわけではないため，アナロジーによる論法ではない。EXAMPLE 6-16 は，自分と同僚との共通性（1日8時間働いたこと）を根拠に，同僚と同額の給与支給を主張するという，共通性による論法である。

PREP 法とパラグラフ

PREP 法とは，話の内容を要点（point）→理由（reason）→例（example）→要点（point）という順序で述べることにより，自分の考えを論理的に表現する方法のことである（英語の頭文字を取って「PREP 法」）。要点，理由，例，要点という4項目のうち，2箇所の「要点」はパラグラフの「主張文」と「まとめ文」に相当し，その間にはさまっている「理由」と「具体例」は「支持文」に相当する。大学生の就職面接など手短かに意見に説得力をもたせる場でしばしば用いられる。

定石 5	定義を根拠にしてなんらかの結論を主張する	**定義による論法**
定石 6	共通性を根拠にして他と同様の扱いを主張する	**共通性による論法**
定石 7	差異性を根拠にして他と異なる扱いを主張する	**差異性による論法**
定石 8	関係の類似性を根拠にしてなんらかの結論を主張する	**アナロジーによる論法**
定石 9	要点（point）→理由（reason）→例（example）→要点（point）の順に述べる	**PREP 法**

EXAMPLE 6-17

PREP 法で書かれた文章例：

　①今回の本県の条例改正に際しては，パブリックコメント制を取り入れるべきだ。②なぜなら，県庁の役人だけで判断するより，一般の人の考えも聴いたうえで判断したほうが，よりよい規則改正になるからだ。③実際，××県の条例改正の際には，パブリックコメント制を導入したため，おおむね県民の理解が得られたと報道されている。④したがって，今回の本県の条例改正に際しても，パブリックコメント制を導入するべきだ。

　EXAMPLE 6-17 は，①主張文（結論・要点），②支持文（理由），③支持文（具体例），④まとめ文（結論・要点）というパラグラフ構成をとった PREP 法の文章である。PREP 法で書かれた文章は，一般的には，具体例を用いて単純論証を 2 回積み重ねたものをパラグラフの形に整形したものであるといえる（**EXAMPLE** 6-17 は，③→②→①〔④〕の順に単純論証を 2 回積み重ねている。ただし，**EXAMPLE** 6-17 の場合，解釈次第では，②→①〔④〕，③→①〔④〕という合流論証をパラグラフ化したものともいえる）。

　ここまでの内容をまとめると，**表 6.3** のようになる。

WORK

　定義による論法，共通性による論法，差異性による論法，アナロジーによる論法，PREP 法の具体例を，それぞれ 1 つずつ，自分で考えて書いてみよう。

4 条件文による論法

　条件文による論法とは，「もし～ならば」という仮定から導かれたメリットやデメリットを根拠にするなどして，なにかを主張する論法のことである。病気の治療方針の選択や経営戦略など，なんらかの選択・価値判断を行う際によく用いられ，4つの型がある。

条件文の後半を肯定する

　この論法を一般化すると「もしAをすればBになる。そして，Bはよい。だから，Aをする」となる。

> **EXAMPLE** 6-18
> 　もしドーピングすれば，世界記録を出すことができるだろう。そして，世界記録を出すことはよいことだ。だから，ドーピングする。

　EXAMPLE 6-18は，「もしドーピングすれば」という条件文の前半部から，「世界記録を出すことができるだろう」という条件文の後半部を導き出し，それをメリットとして肯定的に価値評価する（肯定する）。そして，その肯定的価値評価を理由に，条件文の前半部「ドーピングする」を主張している。

　この論証は，なんらかの事柄からメリットが生じることを示せば簡単に作ることができる。たとえば，「病院に行けば病気が治る。だから，病院に行こう」「インターネット放送にすれば，いつでもどこでもスマートフォン（以下，スマホ）でテレビ番組をみることができる。だからインターネット放送にすべきだ」等々が考えられる。自分がなにかを主張したいとき，そのなにかからメリットが生じることを示せば，そのメリットを根拠にして，そのなにかを結論として主張できるということである。

条件文の後半を否定する

　「もしAをすればBになる。そして，Bは悪い。だから，Aをしない」と条

Column ❺ 真偽判断（事実判断）と価値判断との区別

　数学で学んだ背理法など，真偽判断を行う際の条件文の場合，たとえば，$\sqrt{2}$ が無理数であることを証明するために，$\sqrt{2}$ は有理数であると仮定して論理的矛盾を導き，$\sqrt{2}$ が有理数であることを偽とする。この論じ方は，価値判断について本文の「条件文の後半を否定する」で学んだ論法（条件文の後半にデメリットを示して，条件文の前半を否定するタイプ）に似ているが，次の点で異なっている。

　価値判断の文脈では，たとえば，抗がん剤治療を行えば副作用があるとわかった後で，その副作用という事実を避けたいという理由から，抗がん剤治療をしないこともあるし，副作用という事実を避けたいがその事実を我慢し，がんを治したいという別の理由で，抗がん剤治療を行うこともある。だが，背理法のような真偽判断の文脈では，たとえば $\sqrt{2}$ は有理数であるという仮定から論理的矛盾を導いた後，論理的矛盾は避けたいがそれを我慢し，他の理由から，$\sqrt{2}$ は有理数であると結論することはない。このように，背理法のような真偽判断の文脈では，仮定から論理的矛盾が導かれればその仮定は必ず否定されるが，価値判断の文脈では，条件文の後半が否定されてもそれを受け入れ，結論として条件文前半が肯定されることがある。

　条件文の場合に限らず，他のさまざまな場合についても，真偽判断において否定されること（肯定されないこと）が価値判断においては肯定されたり，その逆が行われたりするという共通の特徴がある。たとえば，地元の名士のメンツをつぶさないように嘘をつくことが「よい」とされる（本当のことをいうことが「よし」とされない）ことがあるかもしれない（その名士の前では）。映画や小説などの創作は，事実としては正しくなくても，多くの人々にとっての「楽しみ」（娯楽）となっている。神の存在は科学の領域では肯定されないが，そのように事実判断の場面で肯定されないものを，宗教は肯定する。

　このように，一般に物事が事実（真）かどうかを判断する文脈と，事実とされた物事，あるいは事実であるとはされない物事に，肯定的な価値を与えるか否かを判断する文脈とは区別して考えるのが自然である。それゆえ，条件文を扱う場合にも，冒頭に示したように，それが価値判断の文脈での条件文なのか，真偽判断（事実判断）の文脈での条件文なのかに注意する必要がある。

件文の後半を否定的に評価する論法もある。

> **EXAMPLE** 6-19
> もしドーピングすれば，重い副作用があるだろう。そして，重い副作用は避け
> たい。だから，ドーピングするのをやめておこう。

EXAMPLE 6-19 は，ある条件文の前半部からデメリットが生じることを理
由に，その条件文の前半部を拒否するということである。これは，他人の意見
に反論したいときに，よく使われる論法である（第 **7** 章も参照）。相手の意見を
仮定すると，そこからデメリットが生じるので，それはやめたほうがいい，と
反論するということである。「君は病院に行けというが，病院に行けばインフ
ルエンザをうつされる。だから，病院に行かない」「インターネット放送にす
れば，いつでもどこでもスマホでテレビをみるからスマホ依存になる。だから
インターネット放送にすべきではない」等々が考えられる。このタイプの論法
も，先のメリットを根拠にする場合と同様，論じ方の１つの有力な定石として
学んでおくべきである。

条件文の前半を肯定する

これは「もし A をすれば B になる。そして，A はよいことなのでそれをし
た。だから，B になった」というタイプの論法である。なにか（B）が生じる
理由を説明するときによく用いられる。

> **EXAMPLE** 6-20
> もし私がそのナチスの軍人に嘘をつけば，そのユダヤ人をかくまい続けること
> ができる。そして，そのナチスの軍人に嘘をつくことは人道的にむしろよいと思
> って嘘をついた。だから，私はそのユダヤ人をかくまい続けることができた。

EXAMPLE 6-20 は，ユダヤ人をかくまい続けることができた理由を説明す
るために上記の型の条件文が使われた文章である。条件文の前半部に原因とな
る事柄（嘘をつくこと）を，後半部に結果となる事柄（かくまい続けること）を述
べたうえで，その条件文の前半部を肯定することにより，結論を導いている。
このように，EXAMPLE 6-20 は，条件文とその前半部の肯定という２つの前

定石10	条件文の後半を肯定する	もしAをすればBになる。そして，Bはよい。だから，Aをしたほうがよい。
定石11	条件文の後半を否定する	もしAをすればBになる。そして，Bは悪い。だから，Aをするのはよくない。
定石12	条件文の前半を肯定する	もしAをすればBになる。そして，Aはよいことなので Aをした。だから，Bになった。
定石13	条件文の前半を否定する	もしAをすればBになっただろう。しかし，Aはよいことではないので Aをしなかった。だから，Bにならなかった。

提から，条件文の後半部（かくまい続けること）を結論するという仕方で，理由を説明している。

この種の条件文の場合，条件文の前半に原因，後半に結果がくればなんでも構わないので，たとえば，「彼は，そんなことをいえば，彼女から振られるとわかっていた。だが，彼は彼女のためによかれと思ってそのことをいった。その結果，案の定，彼は彼女から振られた」，というような形でも使うことができる。この論証も，なぜ彼は彼女から振られたのかという，理由を問う（暗黙の）問いへの答えとして書かれている点では，**EXAMPLE** 6-20 と共通している。

条件文の前半を否定する

「もしAをすればBになっただろう。しかし，Aはよいことではないのでそれをしなかった。だから，Bにならなかった」という論法もある。

EXAMPLE 6-21
　もし私があのまま黙秘を続けていれば，警察にその事件の真犯人はわからなかったはずだ。しかし，あのまま黙秘し続けるのは今後の自分や家族のことを考えると得策ではないと思えてきたため，黙秘するのをやめた。だから，警察に真犯人がわかった（真犯人がわからないということにならなかった）。

EXAMPLE 6-21 は，先の「条件文の前半を肯定する」とは逆に，条件文の前半を否定することから，条件文の後半部を否定している論証である。「赤信号を無視して進めば，目的地に早く到着する。しかし，赤信号を無視するのはいかがなものかと思い，赤信号を守った。その結果，目的地に少し遅れて到着した」という論証もこのパターンである。いわゆる反事実的仮定がこの種の論証の一部を構成しているという言い方もできる。ただし，「もし私が鳥だったら，私は空を自由に飛ぶことができただろう」といった条件文は，現実にいま自分が空を飛べないことを説明するための表現というより，空を自由に飛びたいという願望の表現と考えられるので，反事実的条件文の形をしているからといって，必ずしもすべて上記の EXAMPLE 6-21 のような論証を想定する必要はない。あくまでもなんらかの結論・結果を説明するための 1 つの方法として，反事実的な条件文を使った論法があるということである。

なお，本章では価値判断についての条件文を取り上げた。事実判断（真偽判断）についての条件文は第 4 部で取り上げることにする。本章と第 4 部の学習を通じて，事実判断（真偽判断）の場合の条件文と価値判断の場合とのそれとの異同を学ぶことにしよう（両者の違いについては Column ❺ をも参照）。

ここまでの内容をまとめると，表 6.4 のようになる。

WORK

　本節で学んだ 4 つのタイプの条件文の具体例を，それぞれ 1 つずつ，自分で考えて書いてみよう。

EXERCISE ●演習問題

1 単純論証と合流論証とを組み合わせた複合的な論証の例を，自分で作りなさい（「合流論証」の項の末尾にあげた例を参考にする）。

2 次の(1)から(5)のなかから 1 つ選び，選んだ問題について，本章で学んだ論法のいずれかを用いて，自分の意見を述べなさい。
　(1)　新幹線のグリーン車（指定席）でドライヤーで髪をセットしてもよいか。
　(2)　SNS での炎上を防ぐにはどうすればよいか。

(3)　自転車で公道を走るとき，歩道を走るべきか車道を走るべきか。

(4)　表現の自由と信教の自由とが相容れないとき，どうすべきか。

(5)　働かずに生活していくことができるなら，働かなくてもよいか。

反論の定石

ロジカルな論争のために

WHITEBOARD

- 議論には異なる意見を主張しあう論争の側面が欠かせない。
- 水掛け論の意味を学ぶ。
- 水掛け論から脱する方法を学ぶ。
- さまざまな反論の種類を学ぶ。

1 論争のなかで自分の意見を主張する

主張と論争

第**2**章での学習を踏まえれば，**議論**とは「なにか解決されるべき問題に対する答えを，適切な理由に基づいて，結論として主張し合う論争」であると定義することができる。前章まではこの定義のなかの「主張し合う論争」という部分には触れることなく，論証パターンなどを学んできた。そこで本章と次章では，論争という要素をも含めた形で議論の仕方を学ぶことにする。

議論の定義からもわかるように，**主張**には問いが前提されている。なにも問題がないときに，突然なにかを主張するということはない。誰からもなにも尋ねられていないのに，突然，たとえば，「私は安楽死に賛成だ」ということは，普通はしない。そのようにいう前に，「あなたは安楽死に賛成ですか反対ですか」，あるいは，「安楽死を行ってよいのか」といった類いの問いがあるのが普通である。

では，「私は安楽死に賛成だ」という主張を聞いた人たちは，どう反応するだろうか。私も安楽死に賛成だ，ということになれば，そこに争う余地は生じない。安楽死を認めるのはどうかと思う，と反論されたり，安楽死自体には反対しないが無条件で認めることはできないなど，いろいろな異議が出て，議論が始まる。

こうした議論を論理的に適切に行うためには，他人の意見とは異なる意見を主張するという**論争**の側面をも含めた形で，議論の仕方を学ぶ必要がある。

水掛け論を避ける

論争について学ぼうとするとき，まず**水掛け論**について知っておくことが重要である。たとえば，増税に賛成か反対かが問われたとき，他の人が増税に賛成し，その理由を述べたとする。そのとき，その人の意見に反論するというのは，一般的には，増税に反対し，その理由を述べることであろう。だが，相手

議論	なにか解決されるべき問題に対する答えを，適切な理由にもとづいて，結論として主張し合う論争
水掛け論	互いが自分の意見を主張し合うだけで，相手の意見の間違いを指摘しないため，いつまでたっても解決しない論争

が賛成すれば自分は反対する，相手が反対すれば自分は賛成するというように，相手が採用しなかった結論の正しさを主張するだけで反論した気になる人もいる。これが「水掛け論」である。この種の，賛否を争う議論しか知らないというのはよくない。なぜかといえば，この種の反論は，要するに「相手は賛成だが，私は反対だ」という仕方で，単に対立する意見を並べただけで，相手の意見が間違っていることを指摘しないため，それだけではどちらが正しいのかは決まらないからである。

あるいはこうもいえるだろう。つまり，議論で白黒はっきりさせようということになったとき，なんらかの理由とともにそれは白だと主張する人は，自分は正しいと思って主張しているはずである。その場合，自分の間違いが明らかにならない限り，他の人からそれは黒だといわれても，自分の意見を取り下げる理由はなく，結局，誰がなんといおうとそれは白だ，という姿勢になる。同じことは相手にも当てはまるから，互いに自分は正しいと思って言い争っている者同士がこのままいくら論争しても，いつまでたっても埒があかないということになる。

このように，互いが自分の意見を主張し合うだけで，相手の間違いを指摘しないため，いつまでたっても解決しない論争が水掛け論なのである。この水掛け論を避けるには，自分の意見を述べることとは区別して，相手の意見の間違いを指摘する必要がある。次節では，この区別を学ぶことにする。

ここまでの内容をまとめると，表7.1のようになる。

WORK

「水掛け論」はなぜ適切な議論ではないのか，説明してみよう。

検証型反論と代案型反論

前節で述べたように，論理的に正しい議論を行うためには，自分の意見を主張することとは別に，相手の意見をチェックしてそれが間違っていることを示す必要がある。本書では，この2種類の反論のうち，相手の意見の間違いをチェックするタイプの反論を**検証型反論**と呼び，他方，相手の意見への代案として自分の意見を主張するタイプの反論を**代案型反論**と呼ぶ。

反論のこの区別の起源は，古代ギリシア哲学者アリストテレス（B.C. 384-322）に求めることができる。アリストテレスは『弁論術』という著作のなかで，（前提への）異議としての反論と，相手の結論とは反対の結論を出す反論とを区別している。前者は，読んで字のごとく，相手の論証の前提（理由）に反論するものであり，後者は相手の論証の結論に反対するものである。相手の結論に反対するとはつまり，相手が「Aだ」といえば，自分は「Aでない」といい，相手が「Aでない」といえば，自分は「Aだ」ということである。アリストテレスによるこの伝統的な分類が，検証型反論と代案型反論という本書の分類の基礎になっている。

また，検証型反論と代案型反論は，**批判**と**異論**と呼ばれることもあるが，ある人が批判と呼んでいる反論を別の人は異論と呼ぶなど，混乱を招きやすい。こうした混乱を招かないようにするために，本書では反論の性質をより明確に表す検証型反論と代案型反論という用語を用いる。

検証型反論（I）——理由自体が間違っていることを指摘する

検証型反論は，相手の意見をチェックしてその論証が成り立たないことを指摘する反論である。そして，論証とはなんらかの理由からなんらかの結論を導くことであった。それゆえ，検証型反論には，次の2つがあることになる。1つは，相手の論証の理由自体が間違っていることを指摘することであり，もう

1つは，相手の論証の理由と結論とが必ずしもつながらないことを指摘することである。前者のタイプからみていこう。

EXAMPLE 7-1

問い：　福祉を充実させるためにはどうすればよいか？

A：　消費税を増税すればよい。なぜなら，消費税は，国民が平等に負担を分かちあうことになるため，福祉に使うのに適しているからだ。

B：　消費税によって国民が「平等に負担を分かちあう」といえるのかどうか疑問だ。なぜなら，収入が少ない人にとっての〇〇円と，収入が多い人にとっての〇〇円とでは，同じ〇〇円であっても家計に占める割合が異なるため，買い物をした人全員から同額の税金を集めれば，「平等に負担している」とはいえなくなるからである。それゆえ，「平等に負担を分かちあう」という考えは，消費税増税を主張する根拠にはならない。

EXAMPLE 7-1 では，A が消費税による「平等な負担」を根拠に消費税増税を結論しているのに対して，B は，一律に同じ金額を集めると収入の高い人と低い人とで負担割合が異なってくるため，消費税は「平等な負担」とはいえない，として A の根拠に反論している。このように，ある人が立てた論証の根拠に異議を唱え，それが間違っていることを示せば，相手の論証は根拠を失って崩れる。こうした方法で相手の立てた論証を崩すのが，**検証型反論(I)** である。

検証型反論(II) ── 理由と結論との関連が薄いことを指摘する

　検証型反論のもう1つのタイプは，相手の論証の理由自体は正しいとしても，その理由からその結論は必ずしも導かれないことを，なんらかの証拠に基づいて指摘するものである。これを**検証型反論(II)** と呼ぶこととする。

EXAMPLE 7-2

問い：　明日の遠足は中止になるか否か？

A：　天気予報で明日は雨だといっていた。だから，明日の遠足は中止だ。

B：　たしかに天気予報で明日は雨だといっていた。だが，遠足説明会で，雨天決行ともいっていた。だから，天気予報で明日は雨だといっていたからといって，明日の遠足が中止になるとは必ずしもいえない。

EXAMPLE 7-2 では，B は，A の論証の根拠（天気予報で明日は雨だといっていたこと）が事実であることを認めているが，その根拠と結論（明日の遠足は中止になること）とはつながらないという仕方で，A の論証を崩している。すなわち，A のいうように天気予報で明日雨が降るといっていたことは事実だが，雨天決行の遠足なので，雨天であることを根拠にして遠足が中止になると結論することはできない，というのが，EXAMPLE 7-2 の反論の趣旨である。

代案型反論（I）──相手の結論とは異なる結論を主張する

代案型反論は，検証型反論によって他人の論証を崩した後で，代案として自分の意見を述べるタイプの反論である。その代案の述べ方にも 2 通りあり，相手の結論とは異なる結論を代案として提案するパターンと，相手の理由とは異なる理由を代案として提案し，相手の結論には賛成するパターンがある。前者からみていこう。

EXAMPLE 7-3

問い： 福祉を充実させるためには，どうすればよいか？

A： 消費税を増税すればよい。なぜなら，消費税は，国民が平等に負担を分かちあうことになるため，福祉に使うのに適しているからだ。

B： 消費税によって国民が「平等に負担を分かちあう」といえるのかどうか疑問だ。なぜなら，収入が少ない人にとっての○○円と，収入が多い人にとっての○○円とでは，同じ○○円であっても家計に占める割合が異なるため，買い物をした人全員から同額の税金を集めれば，「平等に負担している」とはいえなくなるからである。それゆえ，「平等に負担を分かちあう」という考えは，消費税増税を主張する根拠にはならない。

　むしろ，私の考えでは，国の予算のうち，防衛費などの別部門の予算を削ってそれを福祉に使えば，福祉は充実する。それゆえ，私は，福祉を充実させるために，消費税の増税ではなく，防衛費などの削減を主張する。

EXAMPLE 7-3 では，B の発言の前半で A の意見に対する検証型反論（I）が行われ，後半（「むしろ，私の考えでは」以降）で，A の意見への代案として，B は，消費税増税ではなく防衛費などの削減を主張している。この代案は，相手とは異なる結論をなんらかの理由に基づいて主張する反論であり，これを本書では**代案型反論（I）**と呼ぶ。

定石 A **検証型反論** 相手の意見の理由の適切さをチェックする
Ⅰ 相手の意見の理由自体が間違っていることを指摘する
Ⅱ 相手の意見の理由は正しいとしても，その理由と結論とは必ずしもつながらないことを指摘する

定石 B **代案型反論** 相手の意見への代案を立てる
Ⅰ 相手の意見の結論とは異なる結論を代案として提案する
Ⅱ 相手の意見の理由とは異なる理由を代案として提案し，相手の結論には賛成する

代案型反論 (Ⅱ) —— 相手と同じ結論を相手と別の理由から主張する

代案型反論には，前項の代案型反論 (I) のような相手の結論に反対するタイプもあるが，相手の理由を別の適切な理由に取り替えて理由の代案を出し，相手の結論には賛成するというパターンの代案型反論もある。

EXAMPLE 7-4
問い： 明日の遠足は中止になるか否か？
A： 天気予報で明日は雨だといっていた。だから，明日の遠足は中止だ。
B： たしかに天気予報で明日は雨だといっていた。だが，遠足説明会で，雨天決行ともいっていた。だから，天気予報で明日は雨だといっていたからといって，明日の遠足が中止になるとは必ずしもいえない。

　もちろん，君のいうとおり，明日の遠足は中止になるだろうと僕も思う。しかし，中止になる理由は，天気ではなく，遠足のためにチャーターしたバスの運営会社が倒産したことだ。夜 9 時のニュースで報道されていた。明朝までに別の会社のバスをチャーターできるとは思えないので，おそらく明日遠足に行くのは無理だろう，というのが僕の考えだ。

EXAMPLE 7-4 では，検証型反論によって相手の論証を崩した後，相手とは別の理由から，相手と同じ結論を導いている。このように，理由の代案を出し，結論には賛成するタイプの反論を**代案型反論 (Ⅱ)** と呼ぶ。

反論について初めて学ぶ人は，「反論なのに賛成」といわれると奇妙に思うかもしれない。だが，「反論」という言葉を「相手の議論に異を唱えること（相

手の議論に反対すること）」という意味に理解していれば，反論なのに賛成ということも，それほど奇妙ではないことがわかるはずである。というのは，議論は問い・答え（結論）・理由という3要素からなる以上，反論する場合にも，問いに異を唱える場合，結論に異を唱える場合，理由に異を唱える場合という3つの場合があって，理由に異を唱えることと結論に異を唱えることとは区別されるからである（問いに異を唱えるタイプの反論は本書では取り上げていない。例としては，「その問題はあまりに大きすぎるため別の機会に取り上げることにしよう」等があげられる）。

　初学者は，議論の3要素を明確に区別することに慣れておらず，とりわけ理由と結論との混同が原因で「理由に異を唱えること」が「結論に異を唱えること」へすり替わってしまう。これまで結論に賛否を表明しあうだけのディベートや，結論に反対しあうだけの水掛け論しかしてこなかったため，理由と結論とを区別して理由だけに異を唱えるという初学者にとって新しいタイプの反論（検証型反論，代案型反論(II)）が飲み込めず，理由に異を唱えているにもかかわらず，結論に異を唱えていると思い込んでしまう。そのため，検証型反論と代案型反論(I)を混同したり，検証型反論の後，理由に代案を出して結論には賛成するという「反論なのに賛成」が奇妙な反論に思えたりするのである。だが，これらの状況を生み出している原因は理由と結論との混同なので，議論や反論の学習に慣れて理由と結論とを明確に区別し，自分が今何に反論しているのかをはっきりと自覚できるようになるにつれ，それらの状況は解消されるだろう。

　ここまでの内容をまとめると，表7.2のようになる。

WORK

次の各論証に検証型反論(II)を行ってみよう。
(1) 彼女は入社以来毎朝9時に出社してきた。だから，彼女は明朝9時に出社するに違いない。
(2) 今日，あの先生の授業は休講だろう。今日は祝日だから。

3 適切に反論するために

検証型反論と代案型反論との混同を避ける

　検証型反論と代案型反論との区別について注意すべきことの1つとして，検証型反論は，相手の論証の「理由」が適切かどうかをチェックしているだけであり，相手の「結論」には賛成も反対もしていないということがある。このことをよく理解するために，次の例え話で考えてみよう。

　すなわち，図7.1 のように，ある本を借りるには「どの図書館へ行けばいいか」と花子から問われて，太郎が「図書館 A へ行けばいい。地下鉄駅 B からの電車で行けるはずだ」と提案したとする。その提案に対して，一郎が「いま，その地下鉄駅 B へ行っても，先月廃止された駅だから，駅 B（の跡）から図書館 A へは行けない」，または，「（駅 B は営業しているが）駅 B から図書館 A までの区間内で事故があって地下鉄が止まっているから，駅 B から図書館 A へは行けない」，と指摘したとする。このとき，一郎は図書館 A へ行くことについては，賛成も反対もしていない。単に「駅 B（の跡）からは図書館 A へ行けない」と指摘しただけである。そのようにいった後で，一郎は，「バス停 C からなら図書館 A への定期便が出ている」と，同じ目的地へ行くための出発地を取り替えた代案を出すこともできるし，「図書館 D に行ったほうがいい。家から車 E で行けば 10 分だ」といって，目的地を取り替えた代案を出すこともできる。

　この例えにおける「目的地」が議論における「結論（答え）」に相当し，「出発地」が「理由」に相当する。図7.2 において，理由 B から結論 A に導かれるという提案が，図7.1 においては，駅 B から図書館 A に行けるという提案に相当するということである（その他，理由 C など，これに準じる）。したがって，誰かから提案された結論には賛成も反対もせず，提案された理由はその結論を支持するには不適切であるという仕方で提案に反論することができ，それが検証型反論である。その後，理由だけを取り替える代案を出すのが代案型反

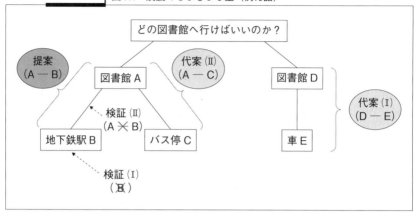

CHART 図7.1 反論のさまざまな型（例え話）

どの図書館へ行けばいいのか？

提案
(A — B)

図書館 A

代案 (Ⅱ)
(A — C)

図書館 D

代案 (Ⅰ)
(D — E)

検証 (Ⅱ)
(A ✕ B)

地下鉄駅 B

バス停 C

車 E

検証 (Ⅰ)
(B̶)

CHART 図7.2 反論のさまざまな型

問い（問題）

提案
(A — B)

結論（答え）A

代案 (Ⅱ)
(A — C)

結論（答え）D

代案 (Ⅰ)
(D — E)

検証 (Ⅱ)
(A ✕ B)

理由 B

理由 C

理由 E

検証 (Ⅰ)
(B̶)

論(Ⅱ)であり，結論も取り替える代案を出すのが代案型反論(Ⅰ)である。

検証型反論を根拠にした代案型反論を行わない

　検証型反論と代案型反論についてよくみられる不適切な手続きは，下記 EXAMPLE 7-5 のように，相手の論証が崩れたという理由で相手の結論を否定することである。

EXAMPLE 7-5

刑事：　あなたがその黒真珠を盗んだのでしょう？

容疑者：　①盗んでいません。②私はそのときアテネにいましたので。

刑事：　③アテネにいたというのは嘘でしょう。というのは，④あなたのパスポートに出国履歴はないからです。だから，⑤やはりあなたがその黒真珠を盗んだのでしょう。

EXAMPLE 7-5 において，容疑者は，アテネにいたことを根拠に（②），盗んでいないと結論している（①）。この論証に対して，刑事は，容疑者の出国履歴がないことを根拠に（④），アテネにいたという容疑者の根拠（②）が事実でないことを指摘し（③），容疑者の論証を崩す検証型反論を行っている。その後，その検証型反論を根拠にして（「だから」という接続詞を使って），容疑者が犯人であると主張している（⑤）。

だが，この刑事のように，相手の論証が崩れたことを根拠に相手の結論を否定すること（検証型反論を根拠にした代案型反論を行うこと）は不適切である。なぜなら，容疑者は，そのとき，日本国内の犯行現場以外のある場所にいたことを知られると困る事情があって，アテネにいたという嘘をついたのかもしれないからである。この場合，容疑者は嘘をついているが犯人ではない。それゆえ，相手の論証が間違っていたからといって，それを根拠に相手の結論を否定するのは代案型反論の手続きとして不適切である。

論争のパラグラフパターン

反論を行う場合，いくつかの特徴的な言い回しがあるので，それを用いて反論（論争）のパラグラフを作ると，読み手にとって読みやすい文章になる。PREP 法を使った反論パターンをあげておく（なお，下記の第1パラグラフは，厳密な意味でのパラグラフにはなっていない）。

EXAMPLE 7-6

Ａすべきか否かという問題に対して，ある人はＡすべきだと答えている（主張文〔topic sentence〕；以下 TS）。その理由は，Ｂである（支持文〔supporting sentence〕；以下 SS）。

だが，私のみるところでは，その人の結論Ａをその理由Ｂによって支持する

ことはできない（TS）。というのは，第1に，理由Bは正しいとはいえないからである（SS1）。たとえば，Cという例がある（SS2）。第2に，百歩譲って，Bという理由が正しいとしても，だからといって，その結論Aはいえない（SS3）。なぜなら，Dだからである（SS4）。いずれにせよ，結論Aを理由Bによって支持することはできない（まとめ文〔concluding sentence〕；以下CS）。

Aすべきか否かという冒頭の問題に対しては，私はAすべきでないと答える（TS）。その理由は，Eである（SS1）。たとえば，Fという例があげられる（SS2）。それゆえ，私は，Aすべきでないと主張する（CS）。

論争モデル

EXAMPLE 7-6 のパラグラフパターンを参考にした論争モデルとして，次のモデル（創作）をあげておく。ただし，下記は検証型と代案型(II)のモデルである。

EXAMPLE 7-7

困っている人たちが募金活動をしているところをみかけたら，募金すべきか。この問題について，ある人Xは，募金すべきだと答えている。その理由は，困っている人たちの声を聞きながらその前を素通りするのは人でなしだから，ということである。

だが，私のみるところでは，素通りするのは人でなしだからという理由で募金すべきだとはいえない。なぜなら，第1に，素通りする人が人でなしだとは限らないからである。たとえば，りっぱな人たちであっても，肉親が危篤であるなど，やむをえない事情により，その場を通り過ぎなければならないこともある。第2に，百歩譲って，困っている人の前を素通りする人が人でなしだったとしても，だからといって募金すべきだとはいえない。なぜなら，募金は納税とは違って強制される種類の義務ではないからだ。したがって，いずれにせよ，素通りする人の人格を理由に募金すべきだということはできない。

募金すべきか否かという冒頭の問題に対しては，私は，Xと同じく，募金すべきだと考えている。しかし，その理由は人格ではなく，互助の精神，すなわち，自分が困ったときに助けてもらったから，あるいはまた，これからも自分が困ったときには他人に助けてもらうかもしれないから，ということである。実際，互助の精神は，自己利益と他者利益とのバランスを取り，社会を円滑に運営していくために必要な考えとして，公的に認められている。それゆえ，私は，Xとは異なる理由，すなわち互助の精神という理由により，Xと同じく，募金すべきであ

注意点A　**検証型反論と代案型反論との区別**
　検証型反論は，相手の論証の「理由」が正しいかどうかをチェックしているだけ
であり，相手の「結論」には賛成も反対もしていない

注意点B　**検証型反論を根拠にした代案型反論を行わない**
　相手の論証の間違いを示しただけで相手の結論を否定するのは不適切

ると主張する。

　先に掲げた反論のパラグラフパターンの表現をそのまま使う必要はなく，適
宜，工夫して，自分の文体に合うように書き換えればよい。しかし，読み手に
必要な情報を網羅することは必須である。問題・答え・理由という議論の3要
素，どこで他人の意見の紹介が始まり，どこで終わったのか，どこから自分の
反論が始まったのか，反論の結論と理由はどこに書かれているのか，どこで自
分の反論が終わったのか。こうした情報を明確に文中に書き込むか否かは，文
体など書き手の趣味の問題ではなく，文章の論理性と読者への配慮の問題であ
る。
　ここまでの内容をまとめると，表7.3のようになる。

WORK

　相手の論証の間違いを指摘したことを根拠に，相手の意見の結論を否定すること
がなぜ不適切なのか，説明してみよう。

EXERCISE ●演習問題

1　次の議論において，Bの論証がAへの反論として不適切である理由を説明し
なさい。
　(1)　問い：　死刑制度を廃止すべきか否か。
　　A：　死刑制度を廃止すべきだ。なぜなら，死刑制度を廃止すれば，死刑の
　　　　えん罪がなくなるからである。
　　B：　死刑制度を廃止すべきではない。なぜなら，死刑制度を廃止すれば，

凶悪犯罪が増える可能性が高まるからである。

(2) 問い：　死刑制度を廃止すべきか否か。

　A：　死刑制度を廃止すべきだ。なぜなら，死刑制度を廃止すれば，死刑のえん罪がなくなるからである。

　B：　死刑制度を廃止すれば，死刑のえん罪がなくなるとしても，そのことを理由に，死刑制度を廃止すべきだと結論することは必ずしもできない。なぜなら，死刑制度を廃止すれば，凶悪犯罪が増える可能性が高まるからである。それゆえ，死刑制度を廃止すべきではない。

2

(1) 次の空欄　1　から空欄　3　に入る文言を，参考例にならって，各々50字以内で埋め，全文を書きなさい（空欄に入れる文言は，自分で考えても書籍などを調べても構わない。ただし，空欄部に入れる文言だけを書くのではなく，空欄部以外の文言も合わせた全文を書くこと。(2)，(3)も同様である）。

　　　　1　か否か。この問題について，ある人は　2　と答えている。その理由は，　3　，ということである。

参考例：
　困っている人たちが募金活動をしているところをみかけたら，募金すべきか否か。この問題について，ある人は，募金すべきだと答えている。その理由は，困っている人たちの声を聞きながらその前を素通りするのは人でなしだから，ということである。

(2) (1)の解答内容へ検証型反論を行うために，以下の空欄　2　～　5　に入る適切な文言を，参考例にならって，各々50字以内で埋め，全文を書きなさい。ただし，　2　と　3　は，(1)と同じ内容とする。

　　　　だが，私のみるところでは，　3　という理由で　2　とはいえない。なぜなら，　4　からである。たとえば，　5　ということがある。したがって，　3　という理由で　2　とはいえない。

参考例：

　だが，私のみるところでは，素通りするのは人でなしだからという理由で募金すべきだとはいえない。なぜなら，素通りする人が人でなしだとは限らないからである。たとえば，りっぱな人たちであっても，肉親の危篤などの事情により，その場を通り過ぎなければならないこともある。したがって，素通りするのは人でなしだからという理由で募金すべきだとはいえない。

(3)　(1)の　1　に対する，自分の主張（答え）と主張理由を代案型反論として述べるために，以下の空欄　1　および　6　〜　8　に入る適切な文言を，参考例にならって，各々50字以内で埋め，全文を書きなさい。

　　　1　か否かという冒頭の問題に対して，私は，　6　と答える。その理由は，　7　，ということである。実際，　8　。それゆえ，私は　6　と主張する。

参考例：

　募金すべきか否かという冒頭の問題に対して，私は，募金すべきでないと答える。その理由は，その募金は詐欺の可能性がある，ということである。実際，募金の主催者が不明であり，集められたお金が何に使われているのか確認できないこともある。それゆえ，私は募金すべきではないと主張する。

反論の実践

誤りのパターンと論法の応用

- 適切に反論するには3つの視点をおさえておく必要がある。
  - ◦ 人間の誤りにはパターンがあると知ること。
  - ◦ 論法を用いた他人の論証へ反論する。
  - ◦ 論法を自分で用いて反論する。
- 反論を練習する際の注意点
  - ◦ 本文を読むとき，別の答えはないか，別の反論はないか，再反論できないか，常に意識しながら読む。
  - ◦ 代案型反論だけを練習しても，水掛け論の練習をしているにすぎない。
  - ◦ 検証型反論だけを行っても，代案を出さなければ建設的な反論にはならない。

1 相手の誤りのパターンを知る

　反論するための視点として，まず人がどのような誤りを犯しがちなのか，誤りのパターンを学ぶことにする。他人がどのような誤りを犯しがちなのかを知るとともに，自分がそのような誤りを犯さないためでもある。

┃ 論点のすりかえ ┃

　論点のすりかえ（論点相違；ignoratio elenchi〔ラテン語〕）とは，反論や自分の意見の主張を行う際に，論じるべきこととは異なることを論じるという誤りである。

　たとえば，「あなたは制限速度を 10 キロ超過しました。ですから，反則金○○円を納めてください」と警官にいわれたとき，「あなたも非番のときにはスピード違反をしているでしょうから，私がその反則金を納める必要はない」といえば，論点を自分のスピード違反から他人のスピード違反へとすりかえていることになる。「私は制限速度を超過していません」などの仕方で，相手の論証に反論すべきであるにもかかわらず，相手の振る舞いを難じるので，**人身攻撃**（ad hominem；ラテン語）あるいは**おまえだって論法**（tu quoque；ラテン語）といわれる。

　また，上のスピード違反の例は，「論点相違」の原意である**反駁の無知**（ignoratio elenchi, ignorance of refutation）に照らせば，第 **7** 章で触れた「水掛け論」ともいえる。「制限速度を 10 キロ超過した」という理由で「反則金○○円を納めなければならない」と結論した警官に向かって，「あなた（警官）も非番のときにはスピード違反する」という理由から「私がその反則金を納める必要はない」と主張することは，「地下鉄で行けば図書館 A に行ける」と提案している人に向かって，単に「車で行けば図書館 D に行ける」と反論する類いの水掛け論になっているということである。

　上の例から離れて，一般に，議論においては，「〜とはなにか」と「定義」が問われたり，「どのようにして〜すべきか」と「方法」が問われたり，「〜す

べきか否か」と「是非・善悪」が問われたりする。その際，定義が問われているのに方法を答えたり，方法が問われているのに是非を答えたりしていれば，論点のすりかえだといって反論することができる。相手が「論点のすりかえ」を行っているか否かは，反論する際の定石の1つとして数えることができる。

言葉の意味の不明瞭・偏向・印象操作

別の誤りのパターンとして，言葉の定義，アンケートなどに使われている表現の意味が不明瞭（あいまい）であることがあげられる。

> **EXAMPLE** 8-1
> ○○新聞によれば，市民の8割がその案に賛成している。したがって，その案は市議会で可決されるべきだ。

EXAMPLE 8-1 においては，根拠部分に用いられている「市民の8割」という言葉の内容が不明瞭（あいまい）である。一見したところ，「すべての市民の8割」という意味に思えるかもしれない。しかし，赤ん坊からお年寄りまで，本当にすべての市民に意見を聞いた結果「市民の8割」だったというわけではないことは明らかである。赤ん坊はアンケートに答えられないからである。すると，それは「アンケートに答えてくれた市民の8割」という意味かもしれないし，「市民集会に出席した人の8割」という意味かもしれない。いずれにせよ，特定の市民の8割の意見にすぎないものを，あたかも「すべての市民の8割」であるかのように錯覚させようという意図があったとすれば，それは**印象操作**ということになる。また，「市民の8割」という言葉が，仮に市民集会に出席した人の8割という意味だったとすれば，どういう性質の市民集会なのかが問題になる。政治的に偏った市民集会でのアンケートであれば，その「市民の8割」という数字には母集団の**偏向**（バイアス）という難点が出てくる。

早すぎる一般化

早すぎる一般化とは，わずかな事例にあてはまることをすべての事例にあてはまると考えてしまった論証のことである。たとえば，「○○山は，昨年，10月に噴火した。一昨年も，10月に噴火した。だから，○○山は，毎年10月に

噴火する」という例においては，昨年と一昨年，いずれも10月に噴火したというわずか2つの事例から，毎年10月に噴火するという仕方で，一般化している。「△△大学のAさんはスポーツが得意だ。同じ△△大学のBさんもスポーツが得意だ。だから，△△大学の人は，皆，スポーツが得意だ」という論証も，同様に，「早すぎる一般化」を犯している。

　では，いくつの事例に基づけばよいのかといえば，一概にはいえない。というより，「すべての事例」の数が決まらない限り，事例をいくら集めてきても，一般化された結論が絶対に正しいとはいえない。少ない事例より多くの事例をもとにしたほうが，信頼性が高まるといえるだけである。

　ただし，上記のような，個別事例から一般的な事柄を導き出す型の論証（これを帰納という；第**10**章を参照）とは逆の型，すなわち，多くの場合（または，すべての場合）にあてはまるからこの場合にもあてはまるという仕方で論じる型の論証があり，この型の場合は，説得力が高いことが多い。たとえば，「日本ではほとんどの町が清潔だ。だから，今度初めて行く日本のある町Aも清潔だろう」という種類の論証である。もちろん，清潔さは「ほとんどの町」にあてはまるだけで「すべての町」にあてはまるわけではないので，町Aが清潔でない場合もある。しかし，ほとんどの町についてあてはまることは，町Aにもあてはまる確率は高い。

　　少なすぎる事例→すべての事例（早すぎる一般化）…………………… ×

　　多くの事例→1つの事例 ……………………………………………… ○

と覚えておき，前者のような「帰納」の根拠としていくつの事例があればよいのかという問題（「帰納的確率」の問題）については巻末のブックガイドにあげた他書で発展学習するとよい。

┃論点先取┃

　論点先取（petitio principii；ラテン語）とは，証明（論証）されるべき結論を前提のうちに含めて論証すること（循環論法）をいう。「それは正しいから，正しい」などの同語反復は，結論「正しい」が理由「それは正しいから」のなかに

含まれているため，論点先取になっている。EXAMPLE 8-2 は，しばしばみられる間違いのパターンである。

> **EXAMPLE** 8-2
> 　一流企業へ就職したほうがいい。なぜなら，十分な年収を得るには，一流企業へ就職したほうがいいからだ。

　EXAMPLE 8-2 の理由（「なぜなら」の後）には，「一流企業へ就職したほうがいい」という結論が入っている。一流企業へ就職したほうがいいから一流企業へ就職したほうがいいといっているため，これは同語反復に相当する。「一流企業へ就職したほうがいい。なぜなら，十分な年収を得ることができるからだ」と書くべきであろう（事の真偽はさておき）。しかし，このような明らかな論点先取が行われることは少ない。むしろ，結論を前提していることが明らかでなく，本人が論点先取の誤りを犯していることに気づかないことが多い。たとえば，次のような例があげられる。

> **EXAMPLE** 8-3
> 　教育は教師がするべきだ。なぜなら，教育は教師の仕事だからだ。

　EXAMPLE 8-3 では，この論証の理由部分にみられる「仕事」という言葉には「するべきこと」という辞書的な意味がある。したがって，EXAMPLE 8-3 は，「教育は教師がするべきだ。なぜなら，教育は教師がするべきことだからだ」，と言い換えられ，実質的には同語反復になっていることがわかる。しかし，論じている本人はこのことに気づいていない。

暗黙の前提・決めつけ・結論ありき

　暗黙の前提とは，何かを論じる際に，前提となる事柄が明示されていないとき，その明示されていない前提のことをいう。したがって，常識的な事柄を前提し，それを明示しなかったからといって，その論証がただちに「誤り」になるというわけではない。暗黙の前提という概念そのものは中立的な概念なのである。実際，常識的な事柄は，多くの場合，書き手と読み手の双方が共通了解としている事柄であり，いちいち言葉にせずに話を進めるのがむしろ普通であ

> - 論点のすりかえ（論点相違）はないか？
> - 言葉の意味にあいまいなところはないか？
> - 偏向はないか？
> - 印象操作はないか？
> - わずかな事例から一般化していないか（「早すぎる一般化」）？
> - 循環論法（論点先取）はないか？
> - 「決めつけ」はないか？

る。しかし，この**常識**というのがくせ者で，本当にお互いが共通了解としているのかどうかは，それほど明らかではない。事実，暗黙の前提は**決めつけ**とも呼ばれ，場合によっては誤解の原因になることがある。たとえば，「彼はそのとき日本にいたから，アメリカで起こったその絵画の盗難事件の犯人ではない」という例では，「犯人」は実行犯を意味し，「日本」や「アメリカ」は国名を表すことが暗黙裏に前提されている。だが，「犯人」は計画犯（犯行を計画しただけで実行は他の人に任せて自分ではしていない人）かもしれず，「日本」はアメリカ合衆国内にある日本画の画廊の名前かもしれない。その場合，上の論証の信憑性は一気に崩れる。

　また，前述の「論点のすりかえ」と重複した「決めつけ」もある。たとえば，生徒から「大学に進学したほうがいいかどうか」と問われた教師が，「文学部なら□□大学へ進学したほうがいい」と答えたとする。この場合，教師が答えるべきは「大学へ進学したほうがいいかどうか」という問題なのに，「どの大学へ進学するのがいいか」という問題に答えた形になっており，先の問われている問題に対しては「大学へ進学したほうがいい」という結論が出たものと決めつけている。この場合，この教師は，問われていることに答えていないという意味では「論点のすりかえ」を行っており，「大学へ進学したほうがいい」とはじめから前提して「□□大学へ進学したほうがいい」といっているという意味では，暗黙裏に「決めつけ」を行っている（**結論ありきの論証**）。

　ここまでの内容をまとめると，**表8.1**のようになる。

WORK

　次の対話は，本節で学んだどの誤りのパターンを含んでいるか。表 8.1 と本文の説明を振り返りながら，誤りのパターンを指摘してみよう。なお，下記の対話には，複数の誤りのパターンが含まれているので，できるだけ多くのパターンを指摘するようにしよう。

　A：　最近，私の授業に出席する学生は簡単な漢字を間違えるようになってきたし，私自身も簡単な漢字が書けなくなってきたように思う。このことからみて，漢字を書く能力の低下という傾向は一般的な傾向だと私には思える。君にもそう思えるか？

　B：　たしかに，私も最近，簡単な漢字を書き間違えることが増えてきたように思う。きっと，ワープロで書類を書くことが多くなってきたためだろう。

 相手の論法に反論する

　本節では，反論するための第 2 の視点として，第 6 章で学んださまざまな論法への検証型反論を学ぶ。論法の性質を理解したうえで，相手の論法の根拠部分に反論すれば，比較的容易に検証型反論を行うことができるだろう。

｜定義による論法への反論｜

　第 6 章で学んだように，定義による論法とは，たとえば，人の死を脳死と定義したうえで，心臓が動いている人から心臓を取り出しても，脳死状態である限り，殺人にはならないと論じる類いの論法である。この論法の特徴は，定義が変われば結論も変わるということであった。したがって，定義による論法が使われている議論に適切に反論するには，用いられている定義を別の定義に変えたほうがメリットがある，あるいは，そのままの定義では無視できないデメリットが生じる，と指摘することが有効である。ある定義を根拠にしてある結論を主張しているのだから，その定義の不備を指摘すれば，相手の論証に適切に検証型反論を加えることができるということである。たとえば，次のような例である。

Column ❻　引用の作法と剽窃

　「自分の意見」には２種類ある。感想文を書くときの「自分の意見」と，論理的・学術的な議論の場面での「自分の意見」とは異なるということである。「共感した」「感動した」「すごいと思った」「すてきだ」といった言葉は，自分の「気持ち」「感情」の表現であり，論文・レポートのなかで「自分の意見」を述べるときには使わない。理性的な議論の場での「自分の意見」は「自分の気持ち」とは区別しなければならない。

　だが，論文・レポートを書くときに，もう１つ気をつけなければならないのは，「自分の意見」と「他人の意見」との区別である。他人の文章を読んでその内容をレポートするときに，他人の文章内容をそのまま引き写した形で，「私は……と考える」と書く人が実に多い。文章の著者にまったく言及せずに，「私は……と考える」と書けば，他人の考えたことを，自分が考えたものとして書いたことになる。また，「私は」という言葉をとって，単に「……と考える」と書いたとしても，他人の存在に言及せずに，自分の名前で提出された文章のなかで「……と考える」と書けば，「考える」の主語は自分（私）であり，「私は……と考える」と書いたのと変わらない。このような書き方をしていると，将来的には，剽窃という違法行為につながる可能性が高いため，そのような書き方をしないことが重要である。

　では，どう書けばよいのかというと，「○○によれば，……である」「○○は，……と考えている」という仕方で，文の主体（主語）を引用元（出典，典拠）にした文を書けばよい。そうすることによって，レポートや論文のなかで「自分の意見」を述べるときと「他人の意見」を報告するときとを，はっきり区別することができる。

EXAMPLE 8-4
　人の死を脳死と考えて対応すると，患者さんのご家族が不安になる。だから，人の死を脳死と考えるのはやめたほうがいい。

EXAMPLE 8-4では，このような仕方で，その定義から生じるデメリット（家族の不安）の提示を行い，相手の論証の根拠となる定義を採用することが難しいと指摘すれば，検証型反論を行ったことになる。

共通性・差異性による論法への反論

　共通性・差異性による論法とは，他の人や事物との共通性・差異性を根拠にして，他の人や事物と同様に扱われること・異なる扱いを受けることを結論する論法であった。たとえば，次のような例があげられる。

> **EXAMPLE** 8-5
> 　私は他の人たちと同じように仕事をしている。だから，他の人たちと同額の給料をもらえるはずだ。

> **EXAMPLE** 8-6
> 　君は他の人たちと同じように仕事をしていない。だから，他の人たちと同額の給料をもらえない。

　共通性と差異性による論法を用いた議論に反論する場合にも，それぞれの論法の根拠部分に注目する。たとえば，**EXAMPLE** 8-5 の議論に反論するには，本当に他の人たちと同じように仕事をしているのかを問うてみる。すると，「他の人たち」には，社長も含まれる可能性があり，その場合，社長と同じように仕事をしているとはいえないかもしれない。また，「同じように」という言葉の意味が，「同じ時刻に出社して同じ時刻に帰る」という意味であれば，仕事内容の差はそこには入っていないから，「同じように」仕事をしていたとしても，必ずしも給料を同じにすべきだという結論にはならない。

　このように，相手の論法の根拠部分に用いられている言葉の意味に注目し，相手が想定している以外の意味を見いだして，その別の意味に受け取った場合には，その根拠が結論にはつながらないことをいうという仕方で反論することができる。

アナロジーによる論法への反論

　アナロジー（類推）による論法とは，たとえば，鯨が魚でないのは，飛行機が車でないのと同じである，という仕方で，2つの関係の類似性を根拠にして，なんらかの結論を導く論法であった。たとえ同じように海中を泳ぐとしても，

鯨は魚ではない。それはちょうど，たとえ同じように陸上を走るとしても，飛行機が車ではないのと同様である，という論法である。このアナロジーによる論法へ反論するには，下記のように，アナロジーを結合論証の形に整理したうえで，反論の方針を考えるとよい。

アナロジー：
　　鯨が魚でないのは，飛行機が車でないのと同じである。
　　　↓
結合論証：
　　①鯨と魚との関係は，飛行機と車との関係に等しい。
　　そして，②飛行機は車ではない。
　　したがって，③鯨は魚ではない。

　このように①②から③が導かれる形に整理してみると，この論証は①②の２つを前提とした結合論証であることがわかる。そこで，①の不備を指摘し，鯨と魚との関係が飛行機と車との関係と同じとはいえないことを示すという方針を立て，たとえば，次のように論じる。

　　鯨も魚も常に水中を動き回っているが，この共通性に相当するものが，飛行機と車との間にはない。飛行機とヘリコプターであれば，いずれも空中を移動するのを常とするという共通の特徴をもっているが，飛行機と車との間にはそのような共通性は認められない。したがって，飛行機と車との関係は鯨と魚との関係に等しいとはいえない。

　一方の関係にみられる共通性が他方の関係にはみられないことを指摘すれば，アナロジーは崩れるということである。こうして，上記①という根拠の不備を指摘することで，アナロジーの論法を用いた議論へ検証型反論を加えることができる。

定義による論法への反論	相手が用いている定義を別の定義に変えたほうがメリットがあることを示す
共通性による論法・差異性による論法への反論	それぞれの論法の根拠部分に用いられている言葉の意味を変える
アナロジー（類推）による論法への反論	一方の関係にみられる共通性が他方の関係にはみられないことを示す
条件文による論法への反論	相手の条件文のなかで主張されているメリット・デメリットの信憑性等を問う

条件文による論法への反論

　条件文による論法とは，条件文の内容にメリットやデメリットを認めることにより，条件文の内容を肯定したり否定したりする論法であり，合計4つのパターンがあった（第6章④を参照）。条件文の後半を肯定的に評価する型の例としては，EXAMPLE 8-7 があげられる。

> **EXAMPLE** 8-7
> 　座禅を組めば健康になるという調査結果が出ている。健康はよいことだ。だから，座禅を組もう。

　こうしたメリットを取ったり，デメリットを避けたりすることによる論法に反論する場合，まずはその根拠の信憑性を問うべきであろう。たとえば，座禅を組めば健康によいという調査結果が出ているというが，はたしてその調査結果は信頼できるのか，どこの調査機関による調査なのか，という仕方で，根拠の信頼性を問うということである。また，仮に調査結果が信頼でき，座禅が健康によいことが客観的な事実であったとしても，健康によいというメリットを得るためには，座禅でなければならない理由はない。他の活動，たとえば，フィットネスジムに通う，水泳をするなど，健康によい活動は他にもいろいろある。そのなかでなぜ座禅を選ぶのか，その理由が明確でない。このように，根拠となる価値評価とその結論との関連性の弱さを指摘するという仕方で，根拠から結論を導くその導出の適切性を吟味することも考えられる。いずれにせよ，

基本的には，検証型反論を行う場合には，その論法の根拠部分の吟味を行うという姿勢が大切であることは，他の論法の場合と同様である。ここまでの内容をまとめると，表8.2のようになる。

表8.2および本文の内容を振り返りながら，以下の論証に検証型反論を行ってみよう。

(1) 「君は他の人たちと同じように仕事をしていない。だから，他の人たちと同額の給料をもらえない」

　　ヒント：　EXAMPLE 8-5についての説明を応用する。

(2) 「彼と彼女とは，ロミオとジュリエットのようなものだ。そして，ロミオとジュリエットは悲恋に終わった。だから，彼と彼女は悲恋に終わるだろう」

　　ヒント：　ロミオとジュリエットの場合とは異なり，彼と彼女の場合には，○○はない（××がある）など，一方の関係にはみられるが，他方の関係にはみられない特徴を指摘する（本問の場合は，その特徴が彼と彼女との間にはある〔ない〕，と想像して指摘すればよい）。

(3) 「座禅を組むと足が痛くなる。だから，座禅を組むのはやめよう」

　　ヒント：　足が痛くなるからといって，座禅を組むのをやめるという結論にはならないといえるような理由を自分で考える。

3　自分で論法を使って反論する

論法を使って反論する際の注意事項

　本節では，自分が誰かに反論するときに，定義による論法や，アナロジーによる論法など，これまでに学んださまざまな論法を使って検証型反論を行うことを学ぶ。

　前節で，こうしたさまざまな論法への反論を学んだ後で，自分がそれらの論法を用いて反論するということは，奇妙な振る舞いにもみえるかもしれない。

だが，その論法への反論を学び，その論法の弱点を理解したうえでそれを自分で使うことは，自分が相手からただちに反論されないために重要である。たとえば，相手の主張に反論するときには，「決めつけ」はないかと注意すべきであると本章②で学んだ。それはつまり，自分が反論を行うときに，自分が「決めつけ」を行っていないかと注意すべきであるということでもある。

　それゆえ，これまで学んできた誤りのパターンやさまざまな論法への反論は，いずれも自身が反論を行う際に注意すべき事柄の学習でもある。本節では，こうしたことを念頭に置きながら，これまでに学んださまざまな論法を用いて他人の議論に検証型反論を行うことを学ぶ。

▌定義による論法を用いた反論

　定義による論法は，言葉の定義を根拠として，なんらかの結論の説得を試みる論法である。したがって，定義による論法を用いて反論を試みる場合には，相手の用いている言葉の意味を，こちらの想定する意味に変えて反論することになる。その際，留意すべきは，聞き手にとって相手の定義より説得力をもつ定義を選ぶということである。

> **EXAMPLE** 8-8
> 相手の論証例：
> 　たしかに，警察は容疑者の私用電話を傍受した。しかし，傍受内容を公表していない。したがって，警察の行為はプライバシーの侵害にはあたらない。
>
> 反論例：
> 　その論証は，傍受内容を公表していないことを理由に，プライバシーの侵害にはあたらないと主張している。ここで，プライバシーの侵害は名誉毀損という意味に理解されている。だが，現在の法律のもとではコントロール権（自分の個人情報を自分でコントロールする権利）としてのプライバシー概念が考慮されることも多い。それゆえ，傍受内容を公表しなかったという理由だけでプライバシーの侵害にあたらないという主張が認められることは，現在の法律のもとでは難しい。

　この反論は，プライバシーという言葉の定義としてコントロール権というより新しい定義があることを根拠にして，単に名誉毀損でないというだけの理由

で，プライバシーの侵害にあたらないと結論することはできないと論じた検証型反論である。

共通性による論法を用いた反論

共通性による論法とは，自分が他の人たちと共通にもっている性質を根拠にして，他の人たちと平等な取扱いを求める論法であった（平等取扱いの原則による論法）。したがって，共通性による論法を用いて反論するときには，反論者はなにか不平等な取扱いを受けていると考えているはずである。

EXAMPLE 8-9

相手の論証例：
　君は授業中にスマートフォン（以下，スマホ）を使っていた。だから，君の平常点が他の学生に比べて低いのは仕方がない。

反論例：
　私の他にも授業中にスマホを使っていた人はたくさんいます。ですから，私がスマホを使っていたという理由で私の平常点が他の学生より低くなるのは不平等です。

これは，自分も他の学生もスマホを使っていたという共通性があることを根拠にして，「自分がスマホを使っていたという理由から，自分の平常点が他の学生より低くなるという結論には導かれない」と主張した検証型反論である。

差異性による論法を用いた反論

差異性による論法とは，ある人が他の人たちのもっていない特異な性質を根拠にして，自分を特別扱いすることを要求する論法であった。したがって，差異性による論法を用いて反論するときには，反論者は自分の特異性を無視されていると考えているはずである。

EXAMPLE 8-10

相手の論証例：
　君の今学期の私の授業への出席回数は他の学生と同じく 14 回だった（欠席 1 回）。だから，君の平常点は他の学生と同じだ。

反論例：

> 　私は他の学生と違って毎回授業に出席しました。ですから，私の出席回数が他の学生と同じく14回だというのは事実誤認です。したがって，少なくとも，私の出席回数が14回であることを根拠に，私の平常点が他の学生と同じであるということはできません。

　この反論例は，自分は毎回出席したという他の学生との差異に根拠に，相手の論証の根拠が間違っていると指摘し，そのことによって，出席回数を根拠にして，自分の平常点を他の学生と同じにするという結論を導くことはできないと主張した検証型反論である。

アナロジーによる論法を用いた反論

　アナロジーによる論法とは，AのBに対する関係はCのDに対する関係に等しいという仕方で，2つの関係の類似性を根拠にして，なんらかの結論を導く論法であった。アナロジーによる論法を作る際には，わかりにくい事柄を説得するためにアナロジーを使うわけだから，わかりやすい事柄に例えることが重要である。

EXAMPLE 8-11
相手の論証例：

> 　独創的なアイデアは，誰にでもわかるというわけではない。だから，そのアイデアを書いた文章は，読者にわからなくても構わない。

反論例：

> 　文章作りは料理作りに似ている。もし料理人が，凝った料理を作り，この味は誰にでもわかるというわけではないから，お客さんにこの料理のおいしさがわからなくても構わないといっていれば，お客さんは来なくなり，店じまいしなければならなくなるかもしれない。これと同様に，あるアイデアが独創的であり，誰にでもわかるわけではないから，そのアイデアを書いた文章が読者にわからなくても構わないと考えているのであれば，読者から見放され，誰にも読まれなくなるかもしれない。それゆえ，いくら独創的なアイデアであっても，それを書いた文章が読者にわからなくても構わないという結論にはならない。

　これは，「文章」と「読者」との関係が「料理」と「お客さん」との関係に

等しいというアナロジーを根拠にして，「アイデアが独創的である」という理由と「独創的なアイデアを書いた文章が難解であっても構わない」という結論とのつながりを断ち切ることを試みた検証型反論である。

条件文による論法を用いた反論

条件文による論法（第6章④を参照）を用いて反論するには，相手の根拠部分からなんらかの条件文を作って，その条件文について，メリット・デメリットを比較するという形で，検証型反論を進めていくことになる。メリット・デメリットを問題にする論法なので，相手の論証自体，〜するべきだ，〜はよくないなどの価値判断を行う論証であることが多く，また，反論のためにこちらが提出する事柄のデメリットのほうが，相手の考えに示されているメリットよりも，明らかに大きいと思われるような例を出す必要がある。

EXAMPLE 8-12

相手の論証例：
　ある競技ではこのシューズを履けば世界記録を出せる，といわれている。だから，君はこのシューズを履いてその競技に出場するといい。

反論例：
　たしかに，その競技ではそのシューズを履けば世界記録を出せるといわれている。しかし，同時にまた，そのシューズを履くと足首を骨折するリスクが極めて高いという報道がかなりみられる。それゆえ，そのシューズを履けば世界記録を出せるといわれているからといって，そのシューズを履いて競技に出場することがよいとは必ずしもいえない。

この反論例は，多くの報道を根拠に，そのシューズを履いた場合に骨折するリスクが高いと指摘している。このデメリットの指摘によって，相手の論証の根拠（世界記録）と結論（そのシューズを履いて競技に出場するのがよい）とのつながりを断ち切る仕方で検証型反論を行ったのが，上記の反論例である。

ここまでの内容をまとめると，表8.3のようになる。

定義による論法を用いた反論	相手の定義より説得力をもつ定義を提案する
共通性による論法を用いた反論	自分がなにか不平等な扱いを受けていないかチェックする
差異性による論法を用いた反論	自分の特異性を無視されていないかチェックする
アナロジーによる論法を用いた反論	わかりやすい事柄に例える
条件文による論法を用いた反論	相手の論証の根拠から条件文を作り，第 **6** 章 ④ で学んだ条件文のパターンに従って，デメリットが生じることを示す

4 第3部の総括
▶ 反論の意義と論文・レポート作成の基礎トレーニング

　第 **3** 部では，議論，論証，論法，反論，誤りのパターンなどを学んできた。最後に，これらの学習と論文やレポートの作成との関係について簡潔に確認し，第 **3** 部の総括とする。

　論文やレポートは，学術的な議論を正式に文章化したものであるともいえるので，第 **3** 部までの学習を通じて，論文やレポートを適切に書くための基礎を身につけたことになるだろう。学術論文やレポートを書くためには，他人の書いたさまざまな文献を読んで，それらの要点（問い・答え・理由〔根拠〕）を捉えなければならない。そして，そうした他人の考えに不十分・不適切なところがあることを指摘し（検証型反論），自分の考えを述べる（代案型反論）という，一定の手続きを踏んだ文章を書くことが求められる。こうした論文・レポート作成のなかで行われていることは，基本的には，第 **3** 部で学んできた議論・反論の手続きにほかならない。それゆえ，第 **3** 部の学習は，第 **2** 部の学習と合わせて，論文・レポート作成の基礎の一部をなしているといえる。あとは，これまで学んできたことをさらに発展させ，より厳密な論理的思考・表現を身につける訓練をしていけばよい。

以下の各論証に対して，（　）内に指定した反論を行いなさい。

(1) 私と一緒に申請書類を提出した他の人は受け取ってもらえたのに，私だけ申請
書類を受け取ってもらえないのは不公平だ（差異性による論法を用いた検証型反
論）。

　　ヒント：　あなたの場合は，他の人と違って，××だから，申請書類を受理で
　　　　　　きない，と指摘する。

(2) 誰もみていないところで赤信号を渡るのは構わない（アナロジーによる論法を
用いた検証型反論）。

　　ヒント：　人がみていないところで悪事をはたらく例（○○）をみつけてきて，
　　　　　　誰もみていないところで赤信号を無視するのは，○○するようなもの
　　　　　　だ，と反論する。

(3) ××会社の食品は健康によいから，おすすめだ（条件文による論法を用いた検
証型反論）。

　　ヒント：　その会社の食品を食べれば，▲▲になるという問題があるから，
　　　　　　……と論じる。

EXERCISE ●演習問題

　論題：　SNSへの不適切投稿をなくすにはどうすればよいか。

　上記の論題についての議論（論争）を，下記の要領で行いなさい。まず反論対
象となる他人の考えの要約（問い・答え・理由）を行い（「問い」には上記の論題
をそのまま書く），次に，その考えに検証型反論と代案型反論を行う。その際，論
争のいずれかの局面で，第6章で学んだ論法を最低1つ使うこと。

第 **4** 部

論証構成の記号化

ツールとしての記号論理

PART **4**

　第3部までは，日本語文による文章を題材にして，「議論・論文の基本構成」について学んできた。その学びは，接続表現・パラグラフ・アウトライン・論法・反論などさまざまなテーマに取り組むものであった。しかし，第4部では少し風景が変わり，「記号論理」の観点から論証構成の基本と活用を学ぶ。

　「問い・答え・理由」や「序論・本論・結び」といった論証構成はすでに学んできたのに，なぜさらに記号論理なのか。第3部までの取り組みからもわかるように，論証の組み立てには勘や経験に頼るだけでは危うい面がある。日本語文のままではその慣れや思い込みによって，論証の要である理由・論拠の捉え方とその組み立てが不明瞭になることがあるからだ。そうしたとき，「演繹」と呼ばれる推論を記号化によって「型」として取り出す記号論理の仕組みは，ベン図のように，論証の組み立てを可視化するツールとして活用できる。

　まず第9章では，記号化の導入に先だって，演繹を「推論の型」という観点から捉える記号論理の基本を学ぶ。そこでは，「論理とは何か」という根本的な問いにもつながる「論理語」（「または」「ならば」など）の用法が取り出される。このような用法の記号化がどのような点で論証を整理・点検するためのツールになるかを学ぶ。

　第10章では，記号論理のツールと考え方を具体的な論証に適用することを試みる。まず前半では，その準備として条件法に関する推論規則や誤謬推論（誤った推論）の基本を確認したうえで，日常的論証における条件法の実践的活用への理解を深める。そして後半では，条件法から構成される「三段論法」が「問い・答え・理由」に対応する推論の基本型であることをみていく。三段論法では，理由・論拠を前提として組み入れるためには，演繹だけではなく帰納や仮説形成と呼ばれる論証形態も必要となる。そこで，帰納と仮説形成の基本を確認しながら，演繹・帰納・仮説形成がどのように連関することで論証の内実を深化させるのかを学ぶ。

　以上，第3部までのキーワードでもあった論証構成の型を記号論理の視点から捉え直すことで，論証を具体的に組み立てる論理的思考の基本とその活用を学ぶことが第4部のねらいとなる。

CHAPTER

第**9**章

記号論理の基礎

推論の型を形式化する

WHITEBOARD

　記号論理の観点から推論（論証）の基礎を学ぶために，以下の内容を取りあ
げる。

- 　真か偽のいずれかである命題（文）を基本単位として論理を組み立てる
  のが，命題論理である。

- 　推論は「前提ゆえに結論」という形式をもち，論理的に妥当な推論を意
  味する演繹とは，「前提を真と認めるとき結論も必ず真と認めなければな
  らない推論」である。

- 　命題論理の演繹は，「論理語」（否定・連言・選言・条件法）の用法から
  取り出される推論の型（推論規則）にもとづく。

- 　命題・論理語・推論規則を記号化する記号論理は，論証的議論の構成を
  整理・点検するツールとして活用できる。

1 論証の型と論理語

論証には型がある

　これまで議論や論文の組み立て方について取り組みながら，それに合わせて「論理」や「論証」がどのようなものかについても学んできた。論理や論証の仕組みを考えるうえでキーワードの1つとみなされていたのが，「型」であった（第6章①）。第4部では，「記号論理」の視点から論証構成の基本と活用を学んでいくが，ここでも「型」がキーワードとなる。記号論理とは，これからみていくように，論証の骨格をなす論理を，記号によって型として取り出す仕組みにほかならないからだ。

　では，記号論理が着目する型とはどのようなものか。それを具体例で確認するために，**EXAMPLE** 9-1 の3つの論証を比べてみよう。

EXAMPLE 9-1
- 花子は世田谷区の住人である。そして，世田谷区の住人は東京都民である。ゆえに，花子は東京都民である。
- 太郎はラーメン好きだ。そして，ラーメン好きは血圧が高い。ゆえに，太郎は血圧が高い。
- スギは比重が1未満の物体である。そして，比重が1未満の物体は水に浮く。ゆえに，スギは水に浮く。

どの例文も論理的に正しい論証とみなされるが，これらはどれも，

　　○○○は△△△である。そして，△△△は□□□である。ゆえに，○○○は□□□である。

という「正しい論証の型」を共有している。3つの例文が論証として正しいとみなされるのは，このような正しい共通の型をもっているからである。記号論理が着目するのは，論証の**論理的な正しさ**（妥当性）にかかわる型である。そ

れでは，型にはどのようなものがあるのか。記号論理は基本となる型を整理しているので，それを踏まえながら型を学ぶことにしたい。

　その前に大事な注記を1つだけしておく。EXAMPLE 9-1では，「花子」「ラーメン好き」「世田谷区の住人」などといった「語句」が，型の表示に使われている○○○や△△△などの対象であった。しかし，第4部において型の対象になるのは，基本的に「語句」ではなく「文」である。ここでの「文」とは，いわゆる主語と述語から構成される一般的な文（平叙文）を指す。たとえば，「花子は大学生である」「太郎はジョギングをする」「日本の首都は大阪ではない」「水の分子は水素と酸素の化合物である」などがそうである。記号論理では「文」のことを命題という。そこで，これからみていく記号論理は命題論理と呼ばれる。それでは，命題論理にはどのような型があるのかを確認していこう。

┃型をもつ語──論理語と推論┃

　まず，命題論理の型を取り出すために，いくつかの基本用語を導入する。型を検討していくとき，EXAMPLE 9-1でもそうだったように，

　　　○○○。そして，△△△。ゆえに，□□□。

といった形式をもつ文章が命題論理の対象となる（○○○や△△△などは命題〔文〕を表示する）。このとき，「ゆえに」の前（左側）に位置する命題を前提，「ゆえに」の後（右）にくる命題を結論という。前提には命題が1つでも複数でも構わないが，結論の命題は1つだけとする。前提と結論は日常の議論でもよく使われる言葉であり，また，第3部までの学びにもさまざまなかたちで登場していた。しかし第4部では，「ゆえに」の前後（左右）に書かれている命題を指して「前提」もしくは「結論」と呼ぶ。

　次に，「○○○。そして，△△△。ゆえに，□□□。」（以下では適宜「前提ゆえに結論」と略記する）という形式の文章全体を推論という。ただし，第3部とのつながりを確認する必要があるときや論証的議論全般を指すときには，「論証」も用いることにする。

論理語	名称
○○○［では］ない	否定
○○○そして（かつ）△△△	連言
○○○または（あるいは）△△△	選言
○○○ならば△△△	条件法

「ゆえに」は「それゆえ」「したがって」「だから」などでも代替可能であるが，第4部では「推論」の形式として一貫させるために「ゆえに」で統一する。第3部までのような日本語文による論証を推論として読むときには，そこで使われている接続表現の用法に注意して，どれが前提でどれが結論かをきちんと読み取ることが大切になる。

　最後に，推論の妥当性とは，「前提が成り立つ（真である）と認めるとき，結論も必ず成り立つ（真である）と認めなければならないこと」を指す。このような意味で論理的に「妥当な（正しい）推論」を**演繹**（演繹的推論）という。以下では，演繹をたんに推論と呼ぶこともある。

　それでは，命題論理における「論理的な妥当性」にかかわる型をみていくことにしたい。幸い，型の基礎になるのは，**論理語**と呼ばれる**表 9.1**の4つの語だけである（記号論理で使われる名称も併記しておく）。

　「論理語」と呼ばれる言葉（語）は，日常の日本語における基本単語でもある。したがって，これからみていくように，論理語と日常の日本語ではその意味・用法において重なる点もある。では，なぜわざわざ「論理語」という言い方をして，その使い方を新たに学ぶ必要があるのか。それは，妥当な推論（演繹）を主題とする記号論理では型が肝心かなめになるので，より厳密に「型どおり」の使い方をすること，裏返していえば，それ以外の使い方をしないことが要求されるからである。

　日常の言葉遣いでは，文脈に応じて言葉の意味・用法は柔軟に変化する。このような特性によって，日常言語は豊かな表情をもつ。ところが，わずか4つの基本語をベースにして組み立てられる命題論理では，その使い方にしかるべき規則性と一貫性がないと，いわば「型なし」となってしまい，論理的な妥当

性を的確に取り出すことが難しくなる。そこで記号論理では，微妙なニュアンスの違いや多義性，そして曖昧さをできるだけ排除するために，より厳密な用法を指定する論理語を用いるのである。

それでは，日常的な用法との異同も確認しながら，4つの論理語にもとづく型の基本を確認していこう。

 ## 論理語としての「ない」と「または」

▎「ない」──否定 ▎

「ない」は，命題の**否定**として使われる。論理語でも日常の日本語でも，この点では同じである。「花子は大学生である」を「ない」で否定すれば，「花子は大学生ではない」という命題になる。ところで，「ない」の意味が明確であることは，論証的議論にとって極めて重要である。「○○○である」と「○○○でない」との区別がきちんとなされていなければ，厳密な議論ができるとは思えないからだ。そこで，記号論理は「ない」を論理語の1つと見定めて，その意味をはっきりと規定する。論理語としての「ない」がもつ意味を理解するために，いわゆる「二重否定」を取り上げてみよう。

先ほどの「花子は大学生ではない」をさらにもう一度「ない」で否定すれば，どうなるだろうか。日本語としてはぎこちない言い方になるが，「花子は大学生ではないということはない」といった命題ができる。日常の言葉遣いでは，「花子は大学生である」と「花子は大学生ではないということはない」といった二重否定の間にはニュアンスの違いがあるとみなされることが多い。たとえば，好きな人から二重否定を用いて，「あなたのことが好きでないわけではないの」（「私はあなたのことが好きでないということはない」）といわれたら，悩ましい（落ち着かない）気持ちになるかもしれない。

ところが記号論理では，「花子は大学生である」と「花子は大学生ではないということはない」をまったく同じ意味とみなす。このため，論理語としての「ない」については，以下のような推論が論理的に妥当な型となる。

○○○。ゆえに，○○○ないということはない。

　　○○○ないということはない。ゆえに，○○○。

　割り切って考えれば，二重否定はなんの変哲もない言い換えにすぎない。では，「ない」をあえて論理語とするのはなぜか。日常の用法のように曖昧あるいは微妙なニュアンスをともなったままでは，論理的な妥当性を保証する型としては使えないからだ。そこで記号論理では，二重否定はその元の文と同じ意味であると割り切って定める（定義する）のである（**Column ⑦**も参照）。

┃「または」──選言┃

●「または」の使い方

　次は，「または」という論理語である。記号論理では選言と呼ばれ，以下のような定式と用法を基本とする（論理語を伴う命題は，便宜的に「　」で括ることにする）。すなわち，「○○○または△△△」が成り立つ（真である）ということは，○○○か△△△かの少なくともどちらか一方は必ず成り立つことである。たとえば，「クミは自宅にいるか，または，クミは学校にいる。」といわれるとき，「クミは自宅にいる」と「クミは学校にいる」のどちらか一方は成り立っていなければならない。逆に，どちらも成り立っていなければ，つまり，少なくともどちらか一方が成り立つということがなければ，「○○○または△△△」もまた成り立たない（偽である）。

　以上の点は日常の用法でも同じなので，「論理語」と呼ばなくてもいいのではないかと思われるかもしれない。しかし，論理語としての「または」には注意すべき点がある。

　それは，「○○○または△△△」では○○○と△△△がともに成り立つ（真である）ことも認める，という点である。日常的な場面で，「沖縄に旅行するか，または，北海道に旅行する。」といえば，どちらか一方だけの意味で使われることが多い。とはいえ，時間とお金に余裕があれば，沖縄と北海道の両方に旅行してだめなわけではない。また，求人広告欄に「経験者，または，20歳から25歳未満の人」とあれば，一般には，「経験者で，20歳から25歳未満の人」であっても求人の対象者に含まれる。「または」にはこのような用法上

両立的選言

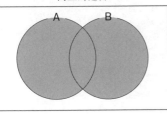

A か B の少なくとも1つは成り立つ。両方が成り立ってもよい。

排他的選言

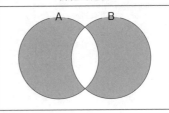

A か B のいずれか一方だけが成り立つ。一方が成り立てば,他方は成り立たない。

の違いがあるので,論理語「または」の使い方を曖昧にしないために,○○○と△△△がともに成り立つことも認めることにする。これもまた,1つの割り切った考え方になる。

このような「または」は**両立的選言**と呼ばれる。これに対して,両方が同時に成り立つことを認めない,つまり,一方が真ならば他方は偽とみなされる「または」は,**排他的選言**（背反的選言）という。上掲の例文「クミは自宅にいるか,または,クミは学校にいる。」の場合であれば,通常は排他的選言として読まれるが,論理語「または」は両立的選言であることを忘れないようにしよう（図9.1を参照。網掛けの部分が,成り立つことの可能な領域を表わす）。

● 「または」による推論の型

では次に,論理語の「または」と「ない」の組み合わせから取り出される推論の型をみておこう（下線の論理語と「ゆえに」に注意すること）。

EXAMPLE 9-2
クミは東京都世田谷区に住んでいるか,<u>または</u>,横浜市青葉区に住んでいるかである。そして,クミは横浜市青葉区に住んでい<u>ない</u>。ゆえに,クミは東京都世田谷区に住んでいる。

この推論を型として取り出せば,以下のようになる。

「○○○<u>または</u>△△△」と「△△△<u>ない</u>」。ゆえに,○○○。

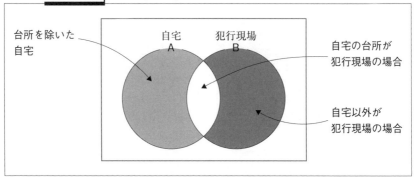

台所を除いた
自宅

自宅
A

犯行現場
B

自宅の台所が
犯行現場の場合

自宅以外が
犯行現場の場合

　前提の1つが「○○○または△△△」なので，少なくともどちらか一方は成り立つ（真である）。そして，もう1つの前提では，「△△△ない」といわれているので，△△△は成り立っていない（偽である）。とすれば，論理語「または」の使い方によって，○○○は成り立つはずだから，結論の○○○は必ず導き出せる。以上から，EXAMPLE 9-2 は妥当な推論である。

　それでは，両立的選言としての「または」と「ない」の用法を踏まえて，ある殺人事件に関連する次の推論が妥当かどうかをチェックしてみよう。

EXAMPLE 9-3
　容疑者 X は自宅にいたか，または，容疑者 X は犯行現場にいたかである。そして，容疑者 X は犯行現場にいなかった。ゆえに，容疑者 X は自宅にいた。

　EXAMPLE 9-3 は，EXAMPLE 9-2 と同じ型であるから妥当な推論である。とはいえ，EXAMPLE 9-3 の推論が本当に妥当なのかと疑問に感じる人がいるかもしれない。たとえば，犯行現場が X の自宅であるということはありうる。だとすれば，犯行現場にいなかった場合には必ず自宅にいた，とはいえなくなってしまう。このような場合には，「または」の命題をベン図で表わすしてみるといいだろう。そうすると，たとえば，犯行現場は容疑者 X の自宅の台所だったが，容疑者 X は犯行現場の台所ではなく寝室にいたことになる（図9.2 を参照）。

　以上が，「ない」との組み合わせも含めた論理語「または」の型である。

ここまでの「妥当な推論の型」に従って結論を書いてみよう。

(1) クミはピアノを習っているか，または，生け花を習っているかである。しかし，クミはピアノを習っていない。ゆえに，□□□□□□。

(2) ユキはケイを好きでないということはない。ゆえに，□□□□□□。

(3) ケンはホウレンソウが好きではないか，または，ジュンはアボカドが好きではないかである。ジュンはアボカドが好きだ。ゆえに，□□□□□□。

(4) 花子は落語好きだ。ゆえに，□□□□□□，または，太郎は歌舞伎好きかである。

(ヒント： 「『または』の使い方」を参照)

3 論理語としての「ならば」と「そして」

┃「ならば」──条件法 ┃

次は，**条件法**と呼ばれる論理語「ならば」をみていこう。その定式と基本的な用法は，論理語でも日常の用法でも同じである。すなわち，「○○○ならば△△△」と述べることは，○○○が成り立つ（真である）ときには△△△も必ず成り立つと述べることである。このような用法を踏まえて，以下の推論が妥当かどうかを考えてみよう（格助詞「は」「が」の異同は命題の内容には関係しないので無視する）。

EXAMPLE 9-4
クミが世田谷区に住んでいるならば，クミは東京都民である。そして，クミは世田谷区に住んでいる。ゆえに，クミは東京都民である。

EXAMPLE 9-4 の型を取り出せば，以下のようになる。

　「○○○ならば△△△」と○○○。ゆえに，△△△。

まず，1 つの前提「○○○ならば△△△」において，○○○が成り立つ（真

である）ならば，△△△も必ず成り立つことが述べられている。そして，もう1つの前提で○○○も成り立つとされている。とすれば，△△△も必ず成り立つので，△△△という結論は前提から必ず導き出される，つまり，この推論の型は妥当ということになる。

　これに対して，推論がたとえば以下のような型であれば，妥当ではない。

　　「○○○<u>ならば</u>△△△」と○○○。ゆえに，「△△△<u>ない</u>」。

　この推論の前提は **EXAMPLE** 9-4 の型と同じだが，結論としては「△△△ない」が導き出されている。ということは，このような推論の型では論理語「ならば」が正しく用いられていないとみなされる。

　以上が，論理語「ならば」の基本的な用法である。その詳しい用法については，後述する記号化を導入したあとでさらに確認することにしたい。

「そして」「かつ」——連言

●「そして」の使い方

　最後に確認する論理語は，連言（れんげん）と呼ばれる「そして」である。「そして」では，「○○○<u>そして</u>△△△」が成り立つ（真である）ことは○○○と△△△との両方が成り立つことを意味する。つまり，どちらも成り立っていない場合はもちろんのこと，どちらか一方だけが成り立っている場合にも，「○○○<u>そして</u>△△△」は成り立たない（偽である）。

　ところで，「そして」はこれまでの例文でも使われていたが，それを気に掛けることはあまりなかったかもしれない。「そして」は目立たない論理語なのである。というのも，これまでにみてきたような基本的な推論では，「そして」は複数の前提を並べる程度の役割しか果たさないからだ。くわえて，推論の型を説明するとき，「そして」はなんの断りもなしに「○○○<u>と</u>△△△」の「と」に置き換えられていた（**EXAMPLE** 9-2, 9-4）。それだけではなく，「そして」は省略しても構わないのでないのである。ということは，以下の3つの推論は論理的には同じものとみなされる。

○○○。△△△。ゆえに，□□□。

○○○と△△△。ゆえに，□□□。

○○○，そして，△△△。ゆえに，□□□。

　たとえば，「太郎はカレーライスを食べ，そして，ハンバーガーを食べる。」という１つの命題（文）を，「太郎はカレーライスを食べる。太郎はハンバーガーを食べる。」とぶっきらぼうに書いても，「太郎はカレーライスを食べる。そして，太郎はハンバーガーを食べる。」と書いても違いはないわけである。

　さらに，論理語「そして」では，「○○○そして△△△」を「△△△そして○○○」のように順番を入れ替えても，同じ意味のものとみなされる（この点は論理語「または」でも同様である）。日常的な用法では，「花子はお湯を沸かす。そして，コーヒーを淹れる。」を「花子はコーヒーを淹れる。そして，お湯を沸かす。」に書き換えると不自然になってしまう。裏返せば，論理語の「そして」では，日常の言葉遣いにおける「そして」にしばしば込められるような，時間的な前後関係や因果的な関係は考慮されないのである。これもまた，論理語についての割り切った考え方になる。

● 「そして」と「しかし」

　「そして」に関連して注意すべき語に「しかし」がある。「そして」と「しかし」は，一般的な用法では順接と逆接として区別される。だが，記号論理では，「しかし」と「そして」とは区別されない。推論の型という観点からは，「あのレストランは高い。そして，あのレストランは美味しい。」と「あのレストランは高い。しかし，あのレストランは美味しい。」のどちらも，「あのレストランは高い」と「あのレストランは美味しい」という２つの事柄が成り立つことを示す点では変わらないからだ。

　このような用法を踏まえると，複数の前提が並置されていることを示すという役割のためには，「そして」よりも「かつ」を用いたほうが無用の誤解は防げる。そこで，日本語として不自然になる場合を除き，論理語としては「かつ」を用いることにする。

　以上，「論理語」の用法を学び，それを踏まえた「推論の型」のいくつかをみてきた。もちろん，これまでの基本型だけで日常的議論や論理的思考におい

て使われる型が尽くされるわけではない。以下では，基本的な型をさらに確認していくことになるが，その準備の意味も込めて「前提」について2つの観点から注記しておく。

▍前提についての注記——真偽と省略 ▍

● 前提の真偽

1つは前提の真偽についてである。「前提が成り立つ（真である）と認めるとき，必ず結論も成り立つと認めなければならない」ことが「論理的な妥当性」であり，このような推論が演繹であった。ここで重要なのは，「前提を真と認める」ことの内実である。これまでの例題や例文に出てきた前提において，たとえば，「クミは世田谷区に住んでいる」や「太郎はラーメン好きだ」などの命題が本当に真か偽かは，実際には問題にしていなかった。つまり，妥当な推論かどうかを調べるときには，これらの命題はひとまず真であるとみなすことさえできれば，その真偽を確認する必要はなかったのである。

実際の真偽は不問にして，前提を真とみなすことが重要であるという点を理解するために次の推論をみてみよう。

EXAMPLE 9-5

容疑者Xにアリバイがあるならば，Xは犯人ではない。そして，Xにはアリバイがある。ゆえに，Xは犯人ではない。

この推論では，「容疑者Xにアリバイがあるならば，Xは犯人ではない」ことが前提となっている。しかし，現実の問題として，アリバイ（現場不在証明）があるからといって犯人から除外されるわけではない。事件の内容に応じて，共犯の可能性も含め，アリバイがあっても犯人の可能性は十分にあるからだ。探偵小説ではむしろ，アリバイがあれば犯人，が常道かもしれない。だからこそ，アリバイ偽装やアリバイ崩しがテーマにもなる。

では，「容疑者Xにアリバイがあるならば，Xは犯人ではない」ことが実際に偽である場合，**EXAMPLE** 9-5 は不適切な推論になるのか。そうではない。記号論理では，「容疑者Xにアリバイがあるならば，Xは犯人ではない」という前提を真とみなしたとき，そこから結論を必ず導き出せるならば，実際の真

　命題の真偽は取り扱いに面倒な点もあるので，補足しておこう。

　たとえば，クミがテニスコートでテニスラケットをもって友人のヒロシとテニスボールを打ち合っていれば，「クミがテニスをする」は真であるとみなせる。そうはせずに，駅前の喫茶店で恋人のカズと一緒にコーヒーを飲んでいれば，「クミがテニスをする」は偽である。このように，「真か偽のいずれかであるとみなせる意味内容を記述している文」が記号論理での命題である。

　しかし，テニスが得意なことを鼻にかけているリョウがクミとヒロシの「行動」をみて，「そんなのはテニスじゃないね。はねつきだよ」といったとする。このとき，「クミはテニスをする」は偽になってしまうのか。「テニスをする」という当たり前のようなことでも，厳密に「定義」しようとすると難しい問題に直面する。そして，「クミの作るカレーライスは美味しい」「ヒロシは性格がやさしい」のような文であれば，それはなおさらである。

　そこで命題論理では，真偽そのものの定義にはあまり神経質にならずに，命題と真偽（真か偽のいずれか）の関係を次のように取り決める。「クミがテニスをする」を「P」と記号化する（記号化の方法は本章❹で述べる）。このとき，「P」が真であれば，その否定文の「Pではない」は偽であり，逆に，「Pではない」が真ならば，「P」は偽である，と割り切って定義する。

　ただし，「P」と「Pではない」の関係については注意が必要である。日常会話であれば，たとえば「このサラダは美味しい」（Qとする）の否定は，「このサラダはまずい」でいいかもしれない。しかし，論理語では，「このサラダは美味しい」の否定は，つねに「このサラダは美味しいということはない」となる。そして，「美味しいということはない」は，まずい場合だけでなく，美味しくもまずくもない場合も含む。したがって，記号論理では，「Qではない」を「このサラダはまずい」と読むと，論理的には不適切になる。そこで，「このサラダはまずい」はたとえば「R」と表記して，「Pではない」から区別しなければならない。このような些細な点でも記号論理は厳密なのである。

　さてそれでも，クミとリョウの間で，「テニスか，テニスでないか」，つまり，「Pか，Pでないか」で口論になるかもしれない。このような「論争」については，第3部に戻ってあらためて考えてみなければならない。

偽とは無関係に推論としては妥当とみなすのである。

　記号論理にとって直接の関心事は，前提から結論への導出において用いられる「推論の型」が論理語を適切に使用しているかどうかである。その限りにおいて，前提となる命題が実際に真か偽かという真偽問題は，記号論理の直接の対象にはならない。とはいえ，具体的な論証的議論について記号論理を活用するときには，事柄そのものとして真偽問題をどのように考えるかという課題に直面することにもなる。この点は第 **10** 章で検討することにしたい。

● 前提の省略

　もう 1 つの注記は前提の省略についてである。**EXAMPLE** 9-4 では，「クミが世田谷区に住んでいる<u>ならば</u>，クミは東京都民である。そして，クミは世田谷区に住んでいる。<u>ゆえに</u>，クミは東京都民である。」という推論を取りあげた。しかし，「世田谷区に住んでいるならば，東京都民である」のは当然（常識）とみなせる。そうすると，誰もが知っている常識をわざわざ前提として書かなくてもよいのではないか，という疑問が生じうる。

　だが記号論理では，前提はできるだけ省略せずに書くことが推論を提示する際の基本となる。例文で確認してみよう。

EXAMPLE 9-6
　ジュンは青葉区に住んでいる。ゆえに，ジュンは横浜市民である。

　この推論は妥当だろうか。首都圏での会話であれば，おそらく問題はないだろう。その推論をきちんと書けば，「ジュンは青葉区に住んでいる。ジュンが青葉区に住んでいるならば，ジュンは横浜市民である。ゆえに，ジュンは横浜市民である。」となるからだ。だが，「青葉区に住んでいる」という前提だけから，「横浜市民である」と必ず結論できるわけではない。「青葉区」はじつは仙台市にもあるからだ。したがって，**EXAMPLE** 9-6 の前提のままでは，論理的に妥当とは断定できないことになる。くわえて，**EXAMPLE** 9-6 では，記号論理がテーマとしている論理語も登場していないので，推論の型も取り出せないのである。

　日常の議論では，書かなくてもよいと判断される前提はしばしば省略される。しかし，曖昧な推論や誤解が生じる推論をできるだけ回避することを基本とす

る記号論理では，前提の省略についてもしかるべき注意が必要となる。上述した真偽問題と同様に，前提の省略の適不適は，論証において取り扱われる内容に応じて，事柄そのものとして検討すべき課題になりうるのである（第**8**章①「暗黙の前提」を参照）。

以下の推論が妥当なものになるように，本章で学んだ論理語を含む適当な前提を書き入れてみよう。ただし，「二重否定」は使わないこと。(2)と(3)については，異なる論理語を用いて2通りの組み合わせをあげること。

(1) 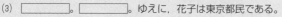。花子はバスケットボールをするか，あるいは，サッカーをするかである。ゆえに，花子はバスケットボールをする。

(2) ［　　　　　　］。［　　　　　　］。ゆえに，太郎は病院に行く。

(3) ［　　　　　　］。［　　　　　　］。ゆえに，花子は東京都民である。

論証を記号化する

命題を記号化する

● 記号化のねらい

前節まで，推論の妥当性が論理語を適切に用いる「型」にもとづくことをみてきた。本節では，このような型について，命題論理の考え方に従って**記号化**する方法を学ぶ。まず，記号化する理由を簡単に確認しておこう。

1つは，前提の数が増えたり，命題そのものが複雑になったりするにつれて，日本語文のままでは表記が長く複雑になり，型をつかみづらくなることへの対策にある。記号化の方法を知っていれば，型を迅速に見抜き，推論を整理・点検するための便利なツールとして活用できるのである。

もう1つは，論理語の捉え方と日常的用法との異同にかかわる。記号論理の「論理」は，日常言語の意味・用法から完全に切断されているわけではない。しかし，これまで述べてきたように，記号論理では型を厳密に規定することが目標となるため，論理語の使い方は日常言語と同じではなくなる。この違いを

きちんと表現するためには，日常の意味を込めにくい「記号」で表現したほうがむしろ望ましいといえる。そこで，日常言語をそのまま使うことは避けて，推論に登場する命題や語句を記号に置き換えるのが，記号論理の基本となる。

● 命題記号（P, Q, R, ……）

それでは記号化の方法をみていこう。以下の前提から結論を導き出す推論を記号化の例題としよう。

> **EXAMPLE** 9-7
> クミがテニスをするか，<u>または</u>，ケンが野球をするかである。<u>そして</u>，ケンは野球をし<u>ない</u>。ゆえに，クミがテニスをする。

この推論の型は，これまでは以下のように表記されていた。

「○○○<u>または</u>△△△」そして「△△△<u>ない</u>」。ゆえに，○○○。

ところで，○○○や△△△もじつは記号である。したがって，記号化そのものはすでに，部分的にではあれ，導入されていたといえる。しかし，これからは○○○や△△△を，記号論理の一般的な方法に従ってPやQといったアルファベットで表記する。この方法を採用することで，推論はさらに簡略化され，見てとりやすくなるからだ。

EXAMPLE 9-7 の推論であれば，次のように記号化される（「そして」は省略する〔前節「『そして』の使い方」を参照〕）。

「PまたはQ」，「Qではない」。ゆえに，P。

この段階で重要なのは，どの命題をどの記号で置き換えるかを首尾一貫させることである。新しい記号化では，以下のように命題と記号が対応している。

「クミがテニスをする」＝P
「ケンが野球をする」＝Q

日本語表記	論理語	論理記号	記号化の例
［では］ない	否定	¬	¬P（P［では］ない）
かつ（そして）	連言	∧	P∧Q（P かつ Q）
または（あるいは）	選言	∨	P∨Q（P または Q）
ならば	条件法	→	P→Q（P ならば Q）

　このように約束したうえで使われる P, Q, R, …… （つまり P 以下のアルファベット大文字）を**命題記号**と呼ぶことにする。

論理語を記号化する

● 4 つの論理記号（¬, ∧, ∨, →）

　これまでの記号化では，論理語の「または」と「ない」はそのままであった。記号論理では，すでに確認した 4 つの論理語も記号化して，推論の簡略化をさらに推し進める。論理語を記号化したものを**論理記号**という。以上の命題記号と論理記号にもとづいて，これまでの表現と記号化された表現との対応関係を示せば，**表 9.2** のようになる。

　なお，連言 P∧Q における P や Q を**連言項**，選言 P∨Q における P や Q を**選言項**という。また，条件法 P→Q の P を**前件**，Q を**後件**という。

　このような記号化に従えば，**EXAMPLE** 9-7 は最終的に以下のようになる（前提が複数あるときにはカンマ〔,〕で区切る。また，命題や前提をまとめるためのカギ括弧〔「　」〕および句点〔。〕は，推論の記号化では使わない）。

　　　P∨Q，¬Q　ゆえに　P

　以上でもって，推論を記号化する作業がひと通り終わった。なお，すでに述べたように，∧（連言）と∨（選言）の場合，P と Q の位置を入れ替えても論理的には同じであったが，条件法の場合には，前件と後件を理由なく入れ替えることはできない。たとえば，「クミが世田谷区に住んでいるならば，クミ

は東京都民である」の前件と後件を入れ替えれば，そのままでは奇妙になる。

　また，条件法については，推論の結論を示す「ゆえに」と区別しておくことも大切である。日常的な用法では，「ならば」と「ゆえに」（および「それゆえ」「したがって」「だから」など）はしばしば同じ意味で使われることがある。しかし，「P→Q」（たとえば，「太郎がラーメンを食べるならば，花子はトンカツを食べる」）はそれ全体で１つの命題（文）である。そして，そのような命題として前提や結論のなかに登場するとき，すでにみたように，推論の妥当性にかかわる論理語の１つとして機能する。これに対して「ゆえに」は，あくまでも推論における前提の部分と結論の部分とのいわば仕切りの役割を担うものであり，論理語とはみなされないのである。

● 記号化の練習

　それでは，具体的な記号化に取りかかることにしたい。以下の例文を記号化してみよう。

EXAMPLE 9-8

　クミがテニスをする。<u>そして</u>，クミがテニスをする<u>ならば</u>，ユキはラグビーを観戦する。<u>ゆえに</u>，ユキはラグビーを観戦する。

　ここでは，「クミがテニスをする」をP，「ユキはラグビーを観戦する」をQとする。そうすると，**EXAMPLE** 9-8 は次のように記号化される。

　　P，P→Q　ゆえに　Q

こうして得られた記号化は，本章 ③ で「ならば」を学ぶときに導入された以下の「型」に対応している（前提の順番は入れ替えできるという点と，「かつ（そして）」は省略できるという点に注意すること）。

　　「○○○ならば△△△」，○○○ゆえに△△△。
　　P→Q，P　ゆえに　Q

こうして，いままでみてきた「推論の型」を記号化する作業は完了する。そ

Column ❽　ド・モルガン則

　記号論理に「ド・モルガン則」と呼ばれる重要な推論規則がある。記号で表記すれば、以下のようになる（「≡」は同値を表す。使い方は本文を参照）。

$$\neg(A \land B) \equiv \neg A \lor \neg B$$
$$\neg(A \lor B) \equiv \neg A \land \neg B$$

　ベン図を参照しながら、ド・モルガン則が成り立つことを確かめてみよう。A∧B（①）を否定すれば（網掛けの部分と網掛けのない部分を反転させれば）、¬A∨¬B（②）になり（逆も成り立つ）。また、A∨B（③）を否定すれば、¬A∧¬B（④）になる（逆も成り立つ）。つまり、①と②は、一方が真ならば他方は偽、という関係になっている（③と④の関係も同じ）。

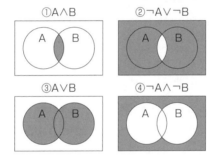

①A∧B　　②¬A∨¬B
③A∨B　　④¬A∧¬B

　ここで、(a)「Xにはアリバイがあるか、または、Xは犯人かである」を例文としよう。(a)はP∨Q（=③）と記号化でき、その否定は¬P∧¬Q（=④）となる。これは、(b)「Xにはアリバイがなく、かつ、Xは犯人でない」、つまり、「Xは犯人ではないのにアリバイがない」という危機的な状況であり、現実には（ときに冤罪事件として）起こりうる。(a)と(b)は「一方が真ならば他方は偽」という関係にあるので、どちらを実際に真とみなすかには、事柄そのものの見方や理解が反映されることになる。あなたは、「犯人」と「アリバイ」との関係をどのように考えるだろうか。

して，このように推論の型が記号化されたときに，もしその前提の一部が省略されたならば（前節「前提の省略」），推論としては機能しないこともみてとりやすくなる。

┃ 推論の型を記号化する──推論規則 ┃

命題記号や論理記号を用いて，日本語で書かれた推論を型として記号化する方法をみてきた。しかし，ここで少しだけ煩瑣になるが，推論の型を記号化する際に注意すべき点を押さえておきたい。

たとえば，以下の2つの推論は異なる型に属するだろうか，それとも，同じ型に属するだろうか。

$P→Q$, P ゆえに Q ……………………………………………… ①
$P→¬Q$, P ゆえに $¬Q$ ……………………………………… ②

①は，すでにみたように，**EXAMPLE** 9-8 を記号化したものである。これに対して②は**EXAMPLE** 9-5 のような推論の型の記号化である。そして，①を妥当な推論と認めるならば，②も同様に妥当な推論である。実質的に，①と②は同じ型の推論にほかならないからだ。だがそうなると，同型になるものは，以下のように（その気になれば）いくらでも作ることができる。また，命題記号を別のものにしても型としては，やはり同じものとみなされる。

$¬P→Q$, $¬P$ ゆえに Q ……………………………………… ③
$¬P→¬Q$, $¬P$ ゆえに $¬Q$ ………………………………… ④
$¬Q→¬R$, $¬Q$ ゆえに $¬R$ ……………………………… ⑤

同様の仕方で考えれば，さらに次のような推論も同型であることが見てとれる。

$(P∧Q)→R$, $P∧Q$ ゆえに R ……………………………… ⑥

だがそうなると，これらをたがいに別の型とみなすことは，たんに不便であるだけなく，型という着想にも反する。上掲の推論について型としての同型性を認めないならば，それこそ型が溢れかえり，逆に「型なし」と同じ状態になってしまう。

　そこで，①～⑥に共通する型をまさに型として簡潔に取り出して表記するために，型専用の記号を用いることにする。型専用の記号として，ここではAとBのアルファベットを使うことにする。ただし，日本語文による具体的な推論を記号化するときには，これまでのように，P，Q，R，……（P以下のアルファベット大文字）をあてる。

　さて，型専用の記号を使うことによって，上掲の①～⑥はすべて，前件肯定則という型に集約される（第**10**章でもあらためて解説する）。

前件肯定則：　　A→B，A　ゆえに　B

　条件文A→Bとその前件Aが前提とされるとき，後件Bを結論として必ず導き出せる。

　このように記号化された「推論の型」を「推論にかかわる規則」という意味で**推論規則**と呼ぼう。

　この方法を採用すれば，これまで取りあげた推論の型は，以下のような推論規則として記号化できる（「かつ」については省略）。

二重否定則：　　A　ゆえに　￢￢A

　　　　　　　　　￢￢A　ゆえに　A

　Aが前提とされるときには￢￢Aを，￢￢Aが前提とされるときにはAを結論として必ず導き出せる。

　二重否定則のように，「Aゆえに￢￢A」と「￢￢AゆえにA」がともに成り立つ場合，**同値**と呼ばれ，「A≡￢￢A」のように記号化する。

選言項除去則：　　A∨B，¬A　ゆえに　B

　　　　　　　　　A∨B，¬B　ゆえに　A

　選言 A∨B とそのどちらかの選言項の否定（¬A か¬B）が前提とされる
とき，否定されていない選言項（B か A）を結論として必ず導き出せる。

日常の論証的議論に向けて

　以上，記号を用いて「推論の型」すなわち「推論規則」を取り出す仕組みを
ひと通りみてきた。推論規則は，論理語にもとづいて組み立てられる。そのよ
うな型を記号化することで，日本語文で書かれた推論において前提から結論へ
の導出が妥当かどうかを点検する作業は容易になる。次の第 **10** 章では，論理
語および推論規則という観点から日常的議論に見出される推論の妥当性を点検
する作業を具体的に試みることにしたい。

　最後に，本章のまとめにかえて以下の点を確認しておこう。

　日本語文として書かれる（話される）議論と記号化された推論との間には，
大きな隔たりがあるように思われる。第 **3** 部までに取りあげられたテーマや
その内容と比べて，記号論理はあまりにも単純な仕組みしか持ち合わせていな
いように思われるからだ。しかし，議論や論文の基本骨格（「問い・答え・理
由」）に焦点を定め，その論証構成を整理・点検しようとするとき，記号化さ
れた推論との隔たりは思いのほか小さい。なぜなら，論証がいかに複雑なもの
であろうと，議論や論文を組み立てる際には，ある主題をめぐる論証をまさに
「前提ゆえに結論」という推論として組み立てることが，基本となるからだ。
その意味において，記号論理の推論規則という観点から論証を検討してみるこ
とは重要な着手点の１つであり，それは論理的思考への第一歩にもつながる作
業となる。

WORK

　以下の記号化された推論が，本章で学んだ「二重否定則」「前件肯定則」「選言項
除去則」のなかのどの推論規則にあてはまるかを確認してみよう。また，どれにも
あてはまらない，したがって妥当でない推論はどれだろうか。
　(1)　P，¬P∨¬¬Q　ゆえに　¬¬Q
　(2)　¬P，¬P→(Q∧R)　ゆえに　Q∧R

(3) ¬P ゆえに ¬¬P

(4) ¬¬¬P ゆえに ¬P

(5) ¬P, ¬¬P∨¬Q ゆえに ¬Q

(6) P∨Q, (P∨Q)→¬R ゆえに ¬R

(7) P∨Q, ¬(P∨Q)∨R ゆえに R

EXERCISE ●演習問題

1　論理語の用法を踏まえて，以下の推論が正しいかどうかを確かめなさい。

(1)　花子は落語好きか，または，太郎は歌舞伎好きかである。ゆえに，花子は落語好きだ。

(2)　月曜日または水曜日または金曜日に太郎はジョギングをする。今日は水曜日である。ゆえに，太郎はジョギングをする。

(3)　月曜日または水曜日または金曜日に太郎はジョギングをする。今日は水曜日でも金曜でもない。ゆえに，太郎は今日ジョギングをする。

(4)　花子は生け花も習うし，空手も習う。花子が空手を習うならば，太郎は合気道を習う。ゆえに，太郎は合気道を習う。
（ヒント：この場合の「○○も△△も」は「かつ」とみなせる）

(5)　太郎はチェスをするか，または，次郎は囲碁をするかである。太郎がチェスをするならば，花子は将棋をする。次郎が囲碁をするならば，花子は将棋をする。ゆえに，花子は将棋をする。

2　本文で述べた方法に従って，以下の推論を記号化しなさい（命題記号としては，P，Q などを適宜用いること）。そのうえで，推論として妥当かどうかを確かめなさい。

①クミはテニスをするか，または，ケンは野球をするかである。

②ケンは野球をしない。

③クミがテニスをするならば，ユキはラグビーを観戦しない。

ゆえに，④ユキはラグビーを観戦しない。

記号論理の応用

三段論法による議論

WHITEBOARD

論証構成と論理的思考の基本を具体的に活用するために，以下のテーマについて理解を深める。

- 条件法の推論規則には，前件肯定則・後件否定則・対偶則があり，必ずしも妥当ではない裏や逆の推論から区別しなければならない。

- 十分条件・必要条件・必要十分条件という区別は，条件法が関わる論証的議論を検討するうえで有益である。

- 条件法から構成される演繹としての三段論法は，「問い・答え・理由」という議論の基本構成につながる仕組みをもつ。

- 論証の形態には，説明の論理としての演繹のほかに，発見の論理として機能する帰納と仮説形成がある。

1 条件法の推論規則と誤謬推論

条件法の用法

　前章では，記号論理の観点から「前提ゆえに結論」という推論に関わる記号化の方法と推論規則の基本を学んできた。本章では，そのような方法と基本を日常的な議論で具体的に活用するときに，どのような論点が浮かび上がるのかをみていく。そして，具体的な論証に記号論理の手法を適用することは，論証の題材について事柄そのものとして考える1つの契機にもなることを確認する（第9章3「前提についての注記」を参照）。

　そのような活用をより効果的に進めるためには，さらにいくつかの基本的な推論規則を組み入れなければならない。本章では，取りあげる推論規則を，論証的議論で重要な役割を果たす「条件法」に絞る。条件法に関して，前章で述べた前件肯定則のほかにどのような推論規則があるのか，そして，条件法の活用ではどのような点に注意すべきかを学ぶことにしたい。

　まず，条件法の用法を確認するために，以下の推論が妥当かどうかを検討してみよう。

> **EXAMPLE** 10-1
> ①天気が晴れならば，球技大会をやる。
> ゆえに，
> ②天気が晴れでないならば，球技大会をやらない。

短い推論だが記号化してみる。

　　　①P→Q　ゆえに　②¬P→¬Q

　①の前提を真とみなすとき，②が結論として必ず導き出せるならば，上の推論は妥当である。日常の会話でのやりとりであれば，問題なく導き出せると判

断するかもしれない。だが，論理語「ならば」としては，妥当な推論とは認められないのである。このことを確認するために，①②と同じ型をもつ推論を取りあげてみる。次の推論は妥当だろうか（表記は便宜的に簡略化する）。

EXAMPLE 10-2

ネコであるならば，動物である。……………………………… P→Q
ゆえに，
ネコでないならば，動物ではない。……………………… ¬P→¬Q

　この場合，前提はたしかに真であるが，この推論が妥当でないことは明らかである。前提が「ネコならば動物」（ネコ→動物）だからといって，「ネコでないならば動物でない」（¬ネコ→¬動物）とは結論できない。「ネコでない」としても，ネズミやクジラやアメンボなどの「動物」はいるからだ。したがって，前提は真であるが結論は偽なので，**EXAMPLE** 10-2 は妥当な推論とはみなされない。

　しかし，「ネコ→動物」から「¬ネコ→¬動物」を必然的に導き出すことはできないとしても，**EXAMPLE** 10-1 では，「晴れ→球技大会」という前提から「¬晴れ→¬球技大会」という結論を導き出すことができないのはなぜか。それは，こじつけのように思われるかもしれないが，天気が晴れでないとき（たとえば雨や雪のとき），球技大会を（たとえば体育館で）開催することはあるからだ。もちろん，雨天決行もありうる。

　EXAMPLE 10-1 では，晴れでないときにどうするかについて，前提は何も述べていないので，球技大会を開催してもいいし開催しなくてもよい，ということになる。したがって，与えられた前提だけでは結論がどちらか一方に必然的に決まるわけではないので，推論としては妥当でないとみなされる。まったく融通が利かない対応のように思われるかもしれない。だが，前章において「前提の省略」について注記したように，しかるべき（必要な）前提については明示的に書くことが，記号論理の基本なのである。この点を考慮すれば，晴れでないとき（雨天の場合）にどうするかは事前にきちんと決めておかないと，トラブルのもとになるから注意しなければならない。

CHART | 図 10.1　対偶則

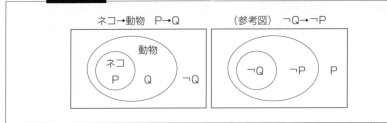

ネコ→動物　P→Q　　　　（参考図）　¬Q→¬P

動物
ネコ
P　　Q　　¬Q

¬Q　¬P　　P

対偶則

それでは，同じく条件法を用いた以下の推論はどうだろうか。

EXAMPLE 10-3
①天気が晴れならば，球技大会をやる。

ゆえに，

②球技大会をやらないならば，天気は晴れではない。

記号化すれば，次のようになる。

①P→Q　ゆえに　②¬Q→¬P

ここでも便宜的に「ネコならば動物」で置き換えてみよう。

EXAMPLE 10-4
ネコならば動物である。……………………………………… P→Q

ゆえに，

動物でないならばネコではない。………………………… ¬Q→¬P

　今度は妥当な推論である。ネコであるものが動物であるとき，動物でないものがネコであることはありえないからだ。このことは「ネコ→動物」のベン図（オイラー図）でも確かめられる。「ネコ→動物」（P→Q）が真であるとき，ネコと動物，動物でないものの関係は，**図 10.1** 左のようになるからである。

　この図は，P に属するネコはどれも Q にも属することを，つまり，「ネコ→

動物」（P→Q）を表示する。このとき，動物でないもの（¬Q）の領域に属する
ものは，必ずネコでないもの（¬P）に属する。したがって，P→Q が成り立つ
とき，¬Q→¬P も必ず成り立つ。

　P→Q に対して¬Q→¬P を対偶と呼び，「P→Q の対偶をとれば，¬Q→¬P
になる」といった言い方がされる。そうすると，対偶については以下の推論が
成り立つ。

　　　P→Q　ゆえに　¬Q→¬P

　さらに，「¬動物→¬ネコ」が前提のときには，「ネコ→動物」という結論も
必ず導き出せる。したがって，以下の推論も妥当である。P→Q を図10.1 左の
ように表示したことを踏まえて，¬Q→¬P もそのまま（一見強引だが）図 10.1
のように表示してみれば，推論の妥当性が確かめられる。

　　　¬Q→¬P　ゆえに　P→Q

　このような対偶に関する推論の型（対偶則と呼ぶ）を推論規則として書き出
しておこう（推論規則なので，これまでの約束に従って A と B で記号化する）。

　対偶則：　A→B　ゆえに　¬B→¬A
　　　　　　　¬B→¬A　ゆえに　A→B
　条件法 A→B が前提とされるとき，¬B→¬A を結論として必ず導き出せ
る。そして，その逆向きの推論も成り立つ。このような関係は同値（前章）
なので，「A→B ≡ ¬B→¬A」のように記号化できる。

後件否定則と誤謬推論──裏・逆

　次に確認しておきたい推論規則は，対偶則とも関連する後件否定則である。
比較のために，すでに確認した前件肯定則を再掲しておくが，両者を混同しな
いように注意しよう。

後件否定則：　　A→B，¬B　ゆえに　¬A

　　前件肯定則：　　A→B，A　ゆえに　B（再掲）

　　後件否定則は，その記号化からもわかるように，条件法の後件が否定される
とき，前件の否定を結論として必ず導き出せる，という推論規則である。後件
否定則が妥当であることは，やはり「ネコ→動物」のベン図（オイラー図；図
10.1左）によって確認できる。

　　　「ネコならば動物」，「動物でない」ゆえに「ネコでない」
　　　P→Q，¬Q　ゆえに　¬P

　　ところで，後件否定則は論証的議論ではよく用いられる推論規則である（具
体例は後述する）。そこで，以下に述べるような，条件法に関する「誤った推
論」（硬い表現だが「誤謬推論」と呼ぶ）から，後件否定則（および前件肯定則と対
偶則）はきちんと区別しなければならない。どんなものが誤謬推論なのかを確
認しておこう。

　　まず，「ネコ→動物」（P→Q）に対して「¬ネコ→¬動物」（¬P→¬Q）を**裏**
という。「ネコ→動物」が前提のとき，その裏である「¬ネコ→¬動物」が必
ずしも結論として導き出されるわけではないことは，すでに球技大会の例文で
確認したとおりである（**EXAMPLE 10-1**）。裏に関する推論は，条件法の前件
を否定したときの誤りなので「前件否定の誤謬」ともいう。

　　また，「ネコ→動物」（P→Q）に対して「動物→ネコ」（Q→P）を**逆**という。
前件と後件を入れ替えた条件法の命題であるが，「ネコ→動物」という前提か
ら，その逆である「動物→ネコ」を結論として導き出すことはできない。「動
物」は「ネコ」だけとはかぎらないので，「ネコならば動物」から「動物なら
ばネコ」とは必ずしもいえないからである（その動物はイヌやコウモリあるいはミ
ジンコかもしれない）。逆についての推論は，条件法の後件を肯定したときの誤
りなので「後件肯定の誤謬」ともいう。

　　誤謬推論として再掲すれば，以下のようになる（「裏」と「逆」は誤謬推論の名
称としても用いることにする）。

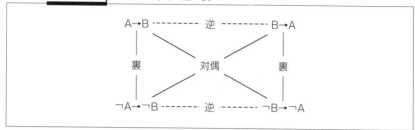

誤謬推論

裏：　A→B　ゆえに　¬A→¬B

　　　（前件否定の誤謬：　A→B, ¬A　ゆえに　¬B）

逆：　A→B　ゆえに　B→A

　　　（後件肯定の誤謬：　A→B, B　ゆえに　A）

　対偶・裏・逆の関係は，図10.2のようにまとめられる。論証的議論では条件法がよく使われるので，「対偶は成り立つが，裏と逆は必ずしも成り立たない」ことをしっかり押さえておくことは，推論（論証）の点検も含めた論理的思考の基本となる。混乱しそうなときは，「A→B」を「ネコ→動物」の事例で考えてみれば，どれが推論規則で，どれが誤謬推論かは容易に判別できる。

論証的議論と条件法

　以上，条件法にかかわる推論規則（前件肯定則・後件否定則・対偶則）と誤謬推論（裏・逆）を学んだ。本項では，論証的議論の場面で条件法が具体的にどのように使われるのかをみることにしたい。そのための題材として，あるスポーツ選手Ｘがドーピング（禁止薬物の意図的な服用）をしているかどうかをめぐって提示される論証を取りあげる。

　「Ｘはドーピングしている」と主張する論証について，それがどのように構成されているのかを検討してみよう（図10.3）。「Ｘはドーピングしている」をＰ，「Ｘは金メダルを獲得している」をＱとして，記号化した論証も記載しておく（本項では，記号化と推論規則の基本的活用がねらいとなるので，論証の構成は単純なものにとどめる）。

　第 **4** 部は**命題論理**を対象としているが，記号論理には命題論理を含むより広い仕組みとして，**述語論理**と呼ばれるものがある。

　述語論理では，「すべてのネコは優柔不断である」や「あるネコは優柔不断である」のように，「すべての〜」と「ある〜」が組み込まれている命題が対象となる。それは，F＝ネコ，G＝優柔不断，とラフに記号化すれば，「すべての F は G である」および「ある F は G である」といった形式をもつ命題である。

　ここで，「すべての F は G である」という命題を P と記号化とすれば，P の否定は¬P と記号化される。そして，記号論理では，P が真であれば¬P は偽である（その逆も同様）。そうすると，「P かつ¬P」は論理的に不可能な命題となる。なぜなら，論理語「かつ」では，2 つの連言項がともに真でなければならないが（前章 ❷「『そして』の使い方」を参照），P と¬P がともに真であることは論理的に無理だからである。このような「P かつ¬P」は，『韓非子』の故事（最強の矛と最強の盾の話）に由来して**矛盾**と呼ばれる。

　それでは，P が「すべての F は G である」のとき，¬P はどんな命題になるだろうか。否定の「ない」に引きずられて，「すべての F は G でない」とするかもしれない。しかし，¬P を命題論理に従って（前章「ない」を参照），「すべての F は G であるということはない」と書いたうえで，それを（ゆっくり）読めば，「ある F は G でない」を意味することがわかる。つまり，「すべての F は G であるということはない」は「部分否定」なのに対して，「すべての F は G でない」は「全体否定」にあたる。したがって，両者は区別しなければならない。

　以上の関係を図化すれば，以下のようになる。(a) と (b) の関係と同様に，(c) と (d) も，矛盾（P と¬P）の関係にはない。矛盾の関係にあるのは，(a) と (d) および (b) と (c) である。このように，「すべての〜」や「ある〜」という言葉が関わるような論証をきちんと検討するためには，述語論理の基本を学ぶことが望ましいといえる。

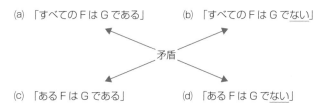

　　(a) 「すべての F は G である」　　　(b) 「すべての F は G でない」

　　　　　　　　　　　　　矛盾

　　(c) 「ある F は G である」　　　(d) 「ある F は G でない」

主張　Xはドーピングしている。‥‥‥‥‥‥‥‥‥‥‥‥‥‥‥‥‥ P
論証　①Xがドーピングしていなければ，Xは金メダルを
　　　　獲得していない。‥‥‥‥‥‥‥‥‥‥‥‥‥‥‥‥‥ ①¬P→¬Q
　　　②しかし，Xは金メダルを獲得している。‥‥‥‥‥‥‥‥ ②Q
　　　ゆえに，Xはドーピングしている。‥‥‥‥‥‥‥‥‥‥ ゆえに，P
　　　　　　　　　　　　　　　　　　　　[¬P→¬Q，Q　ゆえに　P]

　さて，論証を検討するためのポイントは一般に，以下の2点である。

（1）　論証（推論）として妥当かどうか。

（2）　それぞれの前提に問題はないか（真かどうか）。

　まず，（1）に関して，上掲の論証は「後件肯定の誤謬」（逆）や「前件否定の誤謬」（裏）に陥っていない。論証のために利用しているのは，後件否定則という妥当な推論規則である。したがって，（1）の観点では問題がない。そうすると，（2）の検討が焦点となる。つまり，①「¬Xのドーピング→¬Xの金メダルの獲得」（¬P→¬Q），もしくは，②「Xの金メダルの獲得」（Q）が，前提として真であるかを検討することになる。

　ところで，②「Xの金メダルの獲得」（Q）について，ここでは実際に真だったとしよう（その事実確認は比較的容易である）。したがって，検討の対象は，条件法によって提示されている，①「¬Xのドーピング→¬Xの金メダルの獲得」（¬P→¬Q）という前提に絞り込まれる。

　では，その条件法の検討からはどのような論点が取り出せるのか。記号論理の観点から条件法の検討の際に必要となる用語とその考え方を以下で確認してみよう。

必要条件と十分条件──条件法をチェックする

　条件法 A→B が真であるとき，A は B の**十分条件**，B は A の**必要条件**という。「ネコ→動物」を例にとれば，「ネコである」ことはそれだけで「動物である」ための条件を十分に満たしている。どのネコも必ず動物だからである。こ

の関係を踏まえて，「ネコである」（A）は「動物である」（B）の十分条件と呼ばれる。ネコが動物であるために，「ネコである」ことに加えて「三毛である」や「ネズミ好きである」といった条件の追加は必要とされないのである。

他方，「動物である」ことは，「ネコである」ためには必ず満たされなければならない条件である。動物でないものがネコであることはないからだ。この関係を踏まえて，「ネコ→動物」において「動物」は「ネコ」の必要条件という。ただし，「動物である」ことは，それだけでもって「ネコである」ために十分であるとはいえない。動物にはネズミやイルカやアメンボもいるからだ。

以上，「ネコ→動物」という真なる命題について，十分条件および必要条件という捉え方を確認した。

さらに，(A→B)∧(B→A) が真であるとき，すなわち，A→B と B→A がともに真であるとき，A は B の（あるいは B は A の）**必要十分条件**という（A↔B と略記する）。たとえば，三角形において，3つの辺の長さが等しければ（A），3つの角の大きさも等しく（B），逆に，3つの角の大きさが等しければ（B），3つの辺の長さも等しい（A）。したがって，辺の長さと角の大きさは必要十分条件の関係にある。

　　　A→B が真のとき：　A は B の十分条件，B は A の必要条件
　　　A↔B が真のとき：　A は B の（あるいは B は A の）必要十分条件

それでは，ドーピング問題の論証ではどうなるだろうか。検討の対象は，前提①の「¬X のドーピング→¬X の金メダル獲得」という条件法であった。条件法に関する上述の用語で捉え直せば，その前提が必要条件・十分条件・必要十分条件という観点から適切かどうかを検討することになる。

まず，ドーピングをめぐる論点をはっきりさせるために，「¬X のドーピング→¬X の金メダル獲得」の対偶をとれば，「X の金メダル獲得→X のドーピング」となる。ということは，検討の対象は，「X の金メダル獲得」にとって「X のドーピング」が必要条件になっているかどうかである。

そこで，ドーピングについては，たとえば，以下のような見方ができる。それは，X がドーピングに頼ることなく，効率的な科学的トレーニングにもとづ

く鍛錬の積み重ねによって金メダルを獲得する，といった可能性である。このような考え方によって，「Xの金メダル獲得→Xのドーピング」，すなわち，「¬Xのドーピング→¬Xの金メダル獲得」という前提を見直すことができる。このように，条件法を用いた論証的議論については，必要条件・十分条件・必要十分条件という区別を踏まえることで，論証的議論の内容を検討するための手がかりが得られるのである（本章**EXERCISE**も参照）。

　以上，ドーピング問題を題材にして，論証的議論において条件法がどのように用いられるか，そして，その検討のためにはどんな点に着目すればよいかをみてきた。次節では，条件法の機能と役割への理解をさらに深めるために，条件法から構成される三段論法と論証的議論の構成との関係を追うことにしたい。

WORK

(1) 記号論理では，「かつ（連言）」P∧Qと「または（選言）」P∨Qにおいて，PとQを入れ替えても論理的には同じとみなされる。それでは，「ならば（条件法）」P→Qの場合に入れ替えるとどうなるかを具体例で説明してみよう。
(2) 「車（自動車）」を用いて，車がなにかの十分条件と必要条件になる例文をそれぞれ作ってみよう。また，「カレーライス」でも同様の例文を作ってみよう。
　　・十分条件：　「車ならば○○○」
　　・必要条件：　「△△△ならば車」

2　三段論法を記号化する

| 論拠への問いを立てる──三段論法と条件法 |

　前節まで，推論（論証）で重要な役割を担う条件法の用法について学んできた。本節以下では，条件法が議論の基本構成にどのように関連するのかをみることにしたい。そのために取り上げるのは，これまでも解説してきた，以下の3つの条件法から構成される**三段論法**と呼ばれる演繹である（このような三段論法は「推移律」ともいう。その基本については第**6**章 2 を参照）。

	構成 a	構成 b
問い	なぜ A は C か …………	なぜ A→C か
論拠 1	A は B である …………	A→B
論拠 2	B は C である …………	B→C
結論	ゆえに A は C である ……	ゆえに A→C

三段論法：　　A→B，B→C　ゆえに　A→C

　まず，三段論法は議論の「問い・答え・理由」という基本構成を反映する仕組みをもっていることを確認しておこう。この基本構成のなかに，「なんらかの理由にもとづいて結論を導き出す」という論証構造が含まれている。

　条件法から構成される三段論法を議論の枠組みとして捉えるとき，**問い**はたんに「A は C か」ではなく，「なぜ A は C か」となる。というのも，これからみていくように，三段論法では，「なぜ A は C か」に対する直接の**答え**，つまり，**理由**（原因・根拠）が「B」として提示されるからである。

　しかもその提示は，三段論法の構成上の重要な点であるが，理由にかかわる 2 つの前提が適切に連結することで完結する。このような役目をもつ前提のそれぞれを（理由から区別して）**論拠**と呼ぶことにする。つまり，三段論法全体としては，問い（なぜ）に対する答え（理由）が 2 つの前提（論拠）から結論を導き出すというかたちで提示される。前提が 1 つだけの場合，言い換えれば，理由を共有する 2 つの前提が適切につながっていなければ，それは三段論法と呼ぶことすらできず，演繹としては成り立たないのである。

　このような型としての特性を踏まえて，議論の基本構成に合わせて三段論法を書けば，**図 10.4** のようになる（構成 b は構成 a を記号化したものだが，「A は C である」は「A→C」と記号化する）。

　では，「三段論法」と「問い・答え・理由」との関係を具体的にみていくために，「西の空が夕焼けならば，翌日は晴れる」ということわざめいた法則を取りあげることにしたい。天候という気象学的な事象なので，絶対確実というわけではもちろんないが，ここでは「法則」とみなして，「西の空が夕焼け→翌日は晴れ」という条件法として表記する。

論拠への問いに答える

　確認したように，論証構成と三段論法の関係を捉えるときに大切なのは，A→Cが「なぜそういえるのか」とさらに「論拠への問いを立てる」ことである。この問いによって，「西の空が夕焼けならば，翌日は晴れる」ことの理由が探究（検討）の焦点となる。では，この問いに答えるために，三段論法としてどのような論拠をあげることができるだろうか。たとえば，以下のような論拠の提示が考えられる。それは，なぜ西の空が夕焼けならば翌日は晴れるのかという問いに対して，

　　西の空が夕焼けならば西の空に雨雲はなく（論拠1），そして，西の空に雨雲がなければ翌日は晴れる（論拠2）とき，西の空が夕焼けならば翌日は晴れる（結論）。

という三段論法である。まとめれば，次のように書き出せる。

> **EXAMPLE** 10-5
>
> 問い：　なぜ「西の空が夕焼けである→翌日は晴れる」のか。
>
> 論拠1：　西の空が夕焼けである→西の空に雨雲はない ………………… ①
>
> 論拠2：　西の空に雨雲はない→翌日は晴れる ……………………………… ②
>
> 結論：　西の空が夕焼けである→翌日は晴れる

　「西の空が夕焼け→翌日は晴れ」（P→Q＝結論）について，「西の空が夕焼け」（P）と「翌日は晴れ」（Q）をつなぐ理由としての「西の空に雨雲はない」（R）が，三段論法として提示されていることになる。この三段論法をそのまま記号化すれば，以下のようになる。

$$P→R,\ R→Q\ \ ゆえに\ \ P→Q$$

　記号化された三段論法をみれば，ごく単純な推論規則の1つにすぎない。しかし，「問い・答え・理由」という論証構成を駆動する推論として捉えれば，

条件法で語られる問いに対して理由・論拠をあげて応答する三段論法の仕組みは，簡明でしかも強力である。

さて，条件法の命題についてその論拠を探るべく問いを立てることが三段論法の駆動力だとすれば，上の例で論拠（＝前提）として提示され，しかも条件法の型をもつ①と②についても，さらに「なぜ」という問いとその答えをめぐる論証が可能となるはずである。それでは，①と②への問いを立てて，さらに進めてみよう。

論拠を深化させる

まず①について。「西の空が夕焼けである→西の空に雨雲はない」ことの論拠は，たとえば，以下のような三段論法として提示できる。

EXAMPLE 10-6
問い： なぜ「西の空が夕焼けである→西の空に雨雲はない」のか。
論拠１： 西の空が夕焼けである→西の空に遮るものがない ………… ③
論拠２： 西の空に遮るものがない→西の空に雨雲はない ……………… ④
結論： 西の空が夕焼け→西の空に雨雲はない

理由として，「西の空が夕焼け」と「西の空に雨雲はない」をつないでいるのは，「西の空に遮るものがない」である。西の空が夕焼けである（西の空に夕焼けがみえる）ということは，西の空に視界を遮るものがないことであり，そして，西の空に視界を遮るものがないことは，すなわち雨雲がないことである（議論を簡略にするために，視界を遮るものは雨雲だけとしておく）。このようにして，①の論拠は提示される。

では，②の「西の空に雨雲がない→翌日は晴れる」への問いはどうなるだろうか。それについては，以下のような論拠が考えられる。

EXAMPLE 10-7
問い： なぜ「西の空に雨雲がない→翌日は晴れる」のか。
論拠１： 西の空に雨雲がない→雨雲は東に動かない ………………… ⑤
論拠２： 雨雲は東に動かない→翌日は晴れる ……………………… ⑥

今度は，「雨雲は東に動かない」ことが，「西の空に雨雲がない」と「翌日は晴れる」をつなぐ理由として提示される三段論法になっている。

以上みてきたように，**EXAMPLE** 10-5 での最初の論証における①と②の論拠を与えるために，2つの新しい三段論法，すなわち，③④および⑤⑥という新しい条件法が前提として導入された。三段論法は，論拠への問いとその答えをさらに深化させる可能性，つまり，問いをさらに掘り下げて探究する可能性を切り開くものなのである。

したがってまた，議論や論文においてテーマとなっている事柄を条件法の命題で提示して，その根拠への問いを立てたうえで，その答えとしての論拠と理由を三段論法の枠組みに従って取り出すことを試みるのは，論証的議論を検討するための試金石の1つとなりうる。そして，このような論拠への問いがさらに深化する可能性をもつことに自覚的であることは，それまで自明あるいは常識と思われていた事柄を捉え直す機会にもなり，新たな発見の可能性にもつながるのである。

論拠を省略する

他方で，条件法を記号化して論証を点検することは，論証的議論に欠けたものがないかをチェックするときにも役立つ。たとえば，ある事件の犯人について，「容疑者 Y は実行犯ではない。なぜなら，容疑者 Y にはアリバイがある（＝容疑者 Y はアリバイをもつ）からだ」という論証が与えられたとしよう。この論証をこれまでの方法で書き出せば，以下のようになる。

EXAMPLE 10-8
問い： なぜ「容疑者 Y→¬実行犯」か。(P→¬R)
論拠： 容疑者 Y→アリバイ (P→Q) ……………………………… ①
結論： 容疑者 Y→¬実行犯 (P→¬R) ……………………………… ②

記号化してみればはっきりするように，「①ゆえに②」のままでは論証の型

としては不完全である。三段論法を基本とすれば，論拠となる前提は2つなければならないが，上の論証では1つしかないからだ。そして，この場合に省略されているのは，以下のように記号化される「Yにアリバイがあれば，Yは実行犯ではない」という論拠である。

　　　　アリバイ→¬実行犯（Q→¬R）……………………………………… ③

前提③が論拠として組み込まれれば，論証は以下のようになる。

> **EXAMPLE** 10-9
> 　問い：　なぜ「容疑者 Y→¬実行犯」か。(P→¬R)
> 　論拠1：　容疑者 Y→アリバイ (P→Q) ………………………………… ①
> 　論拠2：　アリバイ→¬実行犯 (Q→¬R) ………………………………… ③
> 　結論：　容疑者 Y→¬実行犯 (P→¬R) ………………………………… ②

　今度は三段論法として完結している。なお，¬R という否定が出てくるが，すでに前章で推論規則の型について確認したように，三段論法の型としては同型であることに注意しよう。

　では，**EXAMPLE** 10-8 の論証は間違いということになるのか。そうではない。前段の「①ゆえに②」という論証では，③は犯罪捜査のいわば基本原理であるから，暗黙の前提とみなされ，省略されていたわけである。

　日常の論証的議論において基本となる事柄を省略することは，珍しいことではない。しかし他方で，省略された前提への再考が必要になることもある。とりわけ日常的論証では，常識的な事実判断だけでなく，価値判断や倫理的判断についての前提（論拠）も，論者の問題関心に応じて省略されることがある。そのため，前提の省略については，よりいっそうの注視と確認作業が欠かせない。その意味でも，必要に応じて日常的議論を記号化して取り出してみることは，省略されている前提がないか，そして，その省略にはしかるべき理由があるのかを検討する契機になる。このような基本的な作業もまた，論証的構成を検討する論理的思考の実践にとって欠かせない課題の1つなのである。

以下の命題が「結論」となるような三段論法を作ってみよう。各命題は条件法に書き換えるものとする。

(1) 「連休中は高速道路が混雑する」(連休中→高速道路が混雑する)

(2) 「この食堂の料理は美味しい」(この食堂の料理→美味しい)

(3) 「チーターは速く走れる」(チーター→速く走れる)

3 議論の論拠をつくる

▶▶ 発見の論理

　前節では，三段論法を用いて事柄の論拠を段階的に説明していく過程をみてきた。たとえば，「西の空が夕焼けならば，翌日は晴れる」という条件法の論拠が求められるとき，「西の空に雨雲がない」ことを理由にした三段論法によって説明することができた。ところで，そもそも「西の空に雨雲がない」という理由およびその理由を含む論拠（前提）は，いったいどうすれば手に入るのだろうか。

　三段論法を用いて「A→C」という主張の論拠を説明したいとき，**図 10.5** の空欄の位置を埋めなければならない。しかし，そこに具体的にどんな内容が入るのかは，三段論法の型を眺めるだけではわからない。つまり，理由を手に入れる，言い換えれば，理由を「発見する」方法については，別の論証が必要になるのである。

　それが，三段論法などを含む「演繹」とは区別される，**帰納**や**仮説形成**と呼ばれる論証の仕事となる。このような論証形態の違いを踏まえて，**説明の論理**である演繹に対して，帰納と仮説形成は**発見の論理**と呼ばれる。

発見の論理 (1) —— 帰納

　それではまず，発見の論理としての帰納がどのようなものかをみておこう。帰納は，個別事例から普遍法則あるいは一般則を導き出す論証である。通常は個別事例の枚挙による論証とみなされるので，「枚挙的帰納」とも呼ばれる。

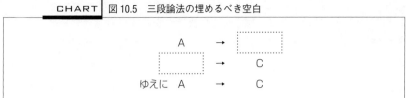

CHART 図10.5 三段論法の埋めるべき空白

A → [ ]

[ ] → C

ゆえに A → C

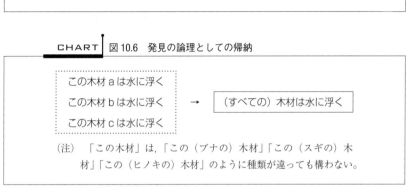

CHART 図10.6 発見の論理としての帰納

この木材 a は水に浮く
この木材 b は水に浮く → （すべての）木材は水に浮く
この木材 c は水に浮く

（注）　「この木材」は，「この（ブナの）木材」「この（スギの）木材」「この（ヒノキの）木材」のように種類が違っても構わない。

　帰納は，図10.6 の左枠から右枠への「推理（推測）」にほかならない。したがって，前提から結論が必ず導き出せる演繹とは違って，そのままでは妥当性も普遍性ももちえない（実際，リグナムバイタと呼ばれる木材のように水に沈む木材も存在する）。しかし，個人の経験・体験によって得られた情報も含めて，さまざまな個別事例を積み重ねていくことによって，結論としての「木材は水に浮く」（木材→水に浮く）という条件法は実証的に強化されていく。前節で事例とした「西の空が夕焼け→翌日は晴れる」もまた，農作業や漁業に携わる人々が帰納的な経験知として受け継いできた法則の1つだといえる。「説明の論理」としての三段論法は，「発見の論理」である帰納によって得られた条件法を組み込むことで，論拠の提示をさらに深化させるのである。

　ただし，実証的な裏付けが不十分な事象に帰納を用いれば，それは「早すぎる一般化」（第**8**章⑪）となってしまう。たとえば，「夕飯に牛タンを食べる」（P）と「ひいきの野球チームが勝つ」（Q）ことが一度や二度観察されたことを論拠にして，「夕飯は牛タン→ひいきの野球チームが勝つ」（P→Q）を導き出すような帰納は，明らかに不適切であり，「勝利の方程式」にはほど遠い。どのような条件を満たせば，適切な帰納としての論証になるのかについては，慎重

に精査し実証していかなければならない課題となる。

　帰納は，自然科学的な発見だけに貢献するものではない。社会科学や人文科学の知識・知見をより豊かに深めていくうえでも欠かせない論証形態の1つが，帰納である。とりわけ社会的・文化的・人間的な活動における多様で多面的な事象のうちに（差異性とともに）共通性を見出すためには，しかるべき判断材料の収集と見る目の涵養，そして想像力が求められるのである。

発見の論理 (2) ── 仮説形成

　もう1つの「発見の論理」が「仮説形成」である（「アブダクション」とも呼ばれる）。たとえば，今日の花子が元気なくみえるとしよう。そのとき，その理由（原因）として，花子は風邪を引いたのかもしれないと推測するような論証が仮説形成である。型として取り出せば，以下のようになる。

> **EXAMPLE** 10-10
> 　事象：　花子は元気がない …………………………………………………… B
> 　仮説：　花子は風邪を引いている→花子は元気がない ………………… A→B
> 　結論：　ゆえに，花子は風邪を引いている ……………………………………… A

　仮説形成は，ある事象Bを説明するために事象Aを条件法の前件に組み入れる論証である。つまり，AとBのつながりを帰納によってA→Bとして確立する論証とは違って，Bが観察されたときに，その論拠となるものAを推測（推理）して仮定する論証形態が仮説形成である。

　むろん，この仮説が正しいかどうかは，花子に直接尋ねるなりして確かめることになる。また，その理由としては，恋人の太郎に振られたのかもしれないし，得意だった数学の試験で失敗したのかもしれないし，ダイエットに失敗したのかもしれない，あるいは……，といろいろな想定（仮説）が可能である。

　このような仮説形成は，帰納と同様に，あくまでも正しくない可能性が残っている推理（推測）であって，演繹のように必然的に正しいものではない。このことは，記号論理からみれば，仮説形成が「後件肯定の誤謬」（本章 1「誤謬推論」を参照）を犯していることからもわかる。

　しかし，観察された事象をもとに理由（原因）の仮説を立てることは，日常

生活ではほとんど不可欠ともいえる論証である。そればかりではない。仮説形成は，科学史においてもしばしば重要な発見に貢献してきた。たとえば，海王星は 1846 年に発見されたが，それには 1781 年にすでに発見されていた天王星が関係していた。というのも，万有引力では理論的に説明できない不規則性が天王星の軌道に見出されたことが海王星発見の契機となったからである。そこでは，以下のような仮説形成が働いていたと考えられる。

> **EXAMPLE** 10-11
> 事象： 天王星の運行は不規則である
> 仮説： 別の天体が存在する→天王星の運行は不規則である
> 結論： 別の天体（＝海王星）が存在する

　仮説形成は，演繹ではないので必然的な妥当性を保証しない。しかし，仮説として着想される条件法は，適切な観測や実験によって検証されることで，まさに「発見の論理」として機能する。そして三段論法は，仮説形成によって得られた論拠を前提に組み込むことによって，その論証の信頼性と汎用性をさらに高めていくのである。

論理的思考と記号論理

　以上第 4 部では，記号論理（命題論理）による記号化と推論規則の基本を学びながら，それらが論証的議論を整理・点検するためのツールとしてどのように活用できるか，さらには，説明の論理としての演繹に対して，帰納と仮説形成がどのような意味で発見の論理なのか，をみてきた。

　第 4 部で取りあげた命題論理は，たとえば小さな箱庭のようなものであった。その仕組みは，4 つの論理語といくつかの推論規則，そして「ゆえに」で実質的には尽きている。しかし，みてきたように，とりわけ条件法の基本機能を理解し習得することは，論証的議論の組み立てを自分で具体化していくための土台になる。

　条件法は，三段論法に組み込まれることで，さらに強固でしかも柔軟な構成力を発揮する。三段論法は，「問い・答え・理由」という論証の基本セットを条件法によって組み立てる演繹であった。簡明な仕組みの三段論法ではあるが，

帰納および仮説形成からの論拠を組み込むことによって，内容面での豊かさと精度，そして密度を高めていく。論証を通してなにかを主張するという営み全体は，演繹・帰納・仮説形成を互いに補完的に活用し合う形でつながっていくのである。

演繹・帰納・仮説形成がもつそれぞれの論証形態の役割を踏まえるならば，論証的議論を点検する作業は，全体としておおよそ以下のようになる。

まず，(1)検討対象の論証的議論を三段論法の基本型に即して組み立てて整理することを試みる。これは，その論証全体が推論規則としての三段論法に適合しているかどうかをチェックする作業である。(2)その際，省略されている前提がないかどうかの確認も重要になる。とりわけ，常識的判断や価値判断あるいは倫理的判断が絡むような議論では，暗黙の前提は見逃されやすいので，その省略の適否にも慎重さが求められる。(3)そして，論拠としての前提は，演繹によるのか，帰納によるのか，それとも仮説形成によるのかを調べたうえで，それぞれの論拠づけが適切に確証されうるのかを検討しなければならない。このような方法で，提示された論証を鵜呑みにすることなく，その主張の適切さを精査し再考することは，とりもなおさず論理的思考につながる活動にほかならない。

日常言語と記号論理

最後に大切な視点を再確認しておきたい。推論の型を記号として取り出す仕組みが記号論理であったが，その際に忘れてならないのは，論理語と推論規則の記号化は日常言語（ここでは日本語）を素地にしていることであった。つまり，日本語を知っていればこその記号論理なのである。したがって，日常言語をベースとする議論や論文についての論証力と構成力を身につけることは，たとえば，どれが前提でどれが結論なのかを識別するための基礎をなす。その意味でも，第3部までの学びによって日本語力を高めることは，記号論理というツールを適所で活用するためにも欠かせないのである。

本書全体での学びが，論証的議論に見出される論理の両輪，すなわち，豊かで多面的な内容を備えた日常言語の論理と推論を型として取り出す記号論理という両輪を円滑に動かすための小さな，しかし着実な駆動力になることを願っ

ている。

(1)　帰納において，結論がそれぞれ以下の命題になる論証の事例を作ってみよう。
　　なお，「○○○」や「△△△」などの箇所は適当に設定してよい。
　　・　「(季節の) 秋ならば○○○」
　　・　「(花の) ひまわりならば△△△」
　　・　「プロ野球選手ならば□□□」
(2)　仮説形成において，事象がそれぞれ以下の命題になる論証の事例を作ってみよう。
　　・　「学校が臨時休校になる」
　　・　「太郎は花子にダイヤモンドをプレゼントする」
　　・　「明智光秀が本能寺の変を起こす」

EXERCISE ●演習問題

1　法律 (未成年者飲酒禁止法) では，「満 20 歳未満ならば飲酒禁止」(満 20
　歳未満→飲酒禁止) と定められている。この文の「対偶」と「裏」および「逆」
　の命題がそれぞれ成り立つかどうかを確認しなさい。そのうえで，アルコール
　性肝炎で，医師から禁酒を指示されている 40 歳の人の場合と比較しなさい。

2　「なぜ尿は黄色いのか」について，必要があれば調べたうえで，以下のような
　三段論法の構成で説明しなさい。
　　問い：　なぜ尿は黄色いのか
　　論拠 1：　尿は○○○である。
　　論拠 2：　○○○は黄色い。
　　結論：　尿は黄色い。

3　以下のような主張をする人へのアドバイスを，記号論理の条件法の観点から
　述べなさい (ヒントは「前件否定の誤謬」)。
　　お金持ちならば幸せになれる。でも，私はお金持ちではない。
　　だから，私は幸せになれない。

4　以下の論証に対して，本章 1 の「論証的議論と条件法」および「必要条件と
　十分条件」を参考にして反論しなさい。

主張： Xはドーピングしていない。

論証： Xがドーピングしていれば，Xに副作用が生じている。

しかし，Xに副作用は生じていない。

ゆえに，Xはドーピングしていない。

ブックガイド

○市古みどり編／上岡真紀子・保坂睦（2014）．『資料検索入門——レポート・論文を書くために』（アカデミック・スキルズ）慶應義塾大学出版会

　本書では言及できなかった新聞記事や統計情報といったさまざまな資料を対象に，それらを手に入れるための効率的な検索法などをわかりやすく説明している。資料を集めたいが，どこから手をつければよいかがわからない人に参考になる。

○倉島保美（2012）．『論理が伝わる 世界標準の「書く技術」——「パラグラフ・ライティング」入門』（ブルーバックス）講談社

　主に社会人が実務的な文章を書く場面を想定しながら，パラグラフ・ライティングを丁寧に解説する。視覚的にもとても工夫されており，読みやすい。

○香西秀信（1995）．『反論の技術——その意義と訓練方法』（オピニオン叢書）明治図書出版

　反論についてさらに学びたい人に勧める。教師のための議論の指導書という位置づけだが，教師以外が読んでも有益である。

○香西秀信（2016）．『議論入門——負けないための5つの技術』（ちくま学芸文庫）筑摩書房

　論法についてさらに学びたい人に勧める。一般の文書から集めた豊富な例文にもとづいて，さまざまな論法の紹介と詳しい解説が行われている。

○坂本百大・坂井秀寿（1971）．『現代論理学』［新版］東海大学出版会

　本格的に記号論理を学びたい人への参考書となる1冊。論理学と数学とのつながりも含めて，記号論理の体系性が丁寧に解説されている。「論理学とは何か」や「論理学の歴史」といったテーマも取り上げているので，新書本サイズでは物足りないと思う人には，この本から始めても大丈夫である。

○沢田允茂（1962）．『現代論理学入門』（岩波新書）岩波書店

　論理とはなにか，言語とはなにかという問いも視野に入れながら，現代記号論理の考え方をコンパクトかつ明晰に解説している名著。記号論理を敬遠あるいは毛嫌いする人にも手に取ってほしい入門書になっている。

○戸田山和久（2012）．『論文の教室——レポートから卒論まで』［新版］（NHKブックス）NHK出版

　　問いの立て方やアウトラインの作り方に関して，本書よりも一歩進んだ内容を学べる1冊。本書では十分に触れることができなかった注や参考文献の作成に関しても，詳しく書かれている。

○野矢茂樹（2006）．『入門！ 論理学』（中公新書）中央公論新社

　　命題論理と述語論理の基礎と基本を，その根本から軽快明快に説明してくれる快著の1冊。これでしっかり土台を学ぶと，本格的な記号論理にも挑戦してみたくなるかもしれない。継続としては，『論理学』（野矢茂樹，1994年，東京大学出版会）がピッタリである。なお，論理の基本をもっと気軽にのぞいてみたい人には，『大人のための学習マンガ それゆけ！ 論理さん』（仲島ひとみ／野矢茂樹監修，2018年，筑摩書房）がある。

○野矢茂樹（2006）．『論理トレーニング』［新版］（哲学教科書シリーズ）産業図書

　　一般の人々が論理的思考を訓練するための名著。形式論理学（記号論理学）の枠にとらわれずに，より実際的な場面で論理をとらえながら「新しい論理教育のプログラム」を作ることをめざして書かれた教科書。

○野矢茂樹（2020）．『まったくゼロからの論理学』岩波書店

　　形式論理学（記号論理学）の入門書。前半は記号を使わずに日常の言葉で記号論理学の内容を説明し，後半では前半で扱った内容を記号化することで，記号論理学へ導いている。

○福澤一吉（2012）．『文章を論理で読み解くためのクリティカル・リーディング』（NHK出版新書）NHK出版

　　本書と同じく「論理」という観点から先行研究を深く読み解く方法を詳しく説明している。資料を集めたはいいが，それをどのように読みこなせばよいかがわからない人に参考になる。

○ペレルマン，C.［三輪正訳］（1980）．『説得の論理学——新しいレトリック』理想社

　　古代ギリシア時代に弁論術（レトリック）として成立した「説得の論理学」は，後に変質して論理学として扱われなくなった。著者はその「説得の論理学」の重要性を

強調する。教科書という形ではなく，読み物として非形式論理学の意義を確認するのに好適な名著。

○森田良行（2018）．『思考をあらわす「基礎日本語辞典」』（角川ソフィア文庫）KADOKAWA

　　日本語の微妙なニュアンスから醸し出される「論理」を鮮やかに整理してみせる言葉の活用見本市。日常の言葉遣いにおける接続表現と記号論理の論理語の違いに対する理解を深めるためにもとても有益である。

○ノルト，J.＆ロハティン，D.（1995〔加地大介訳〕，1996〔加地大介・斎藤浩文訳〕）．『現代論理学（Ⅰ，Ⅱ）』（マグロウヒル大学演習）オーム社

　　全世界で教科書・自習書として使われている「マグロウヒル大学演習」シリーズの日本語訳。一般に日本の論理学書は形式論理を扱うことが多いが，本書は形式論理学と非形式論理学とを相補的なものと考えて，非形式論理学も相応の分量扱っている。例題と演習問題が大量におさめられているため，本書で訓練すれば相当な力がつくだろう。

索 引

有斐閣ストゥディア

はじめての論理学――伝わるロジカル・ライティング入門
Introduction to Logic: Guidance for Academic Writing

2020 年 10 月 30 日　初版第 1 刷発行
2024 年 8 月 30 日　初版第 4 刷発行

著　者
篠澤和久
松浦明宏
信太光郎
文景楠

発行者　江草貞治

発行所　株式会社　有斐閣
郵便番号 101-0051
東京都千代田区神田神保町 2-17
https://www.yuhikaku.co.jp/

印刷・大日本法令印刷株式会社／製本・牧製本印刷株式会社

★定価はカバーに表示してあります。

ISBN 978-4-641-15081-2